Spring & Wave

パーソナルカラー

春

×

骨格診断

ウェーブ
似合わせBOOK

ビューティーカラーアナリスト®

海保麻里子
Mariko Kaiho

JN103791

sanctuarybooks

Prologue

　いつでも、どこでも、いくつになっても、心地いい自分でいたい。
　日々身につける服も、メイクやヘアスタイルも、自分の心と体によくなじむものだけを選んで、毎日を気分よく過ごしたい。

　でも、私に似合うものってなんだろう？
　世の中にあふれる服やコスメのなかから、どうやって選べばいいんだろう？

　そんな思いを抱えている方に向けて、この本をつくりました。

　自分に似合うものを知る近道。それは、自分自身をもっとよく知ること。
　もともともっている特徴や魅力を知り、それらを最大限にいかす方法を知ることが、とても大切になります。

　そこで役立つのが、「パーソナルカラー」と「骨格診断」。
　パーソナルカラーは、生まれもった肌・髪・瞳の色などから、似合う「色」を導き出すセオリー。骨格診断は、生まれもった骨格や体型、ボディの質感から、似合う「形」と「素材」を導き出すセオリー。

　この2つのセオリーを知っていれば、自分に似合う服やコスメを迷いなく選べるようになります。

買ってみたもののしっくりこない……ということがなくなるので、ムダ買いが激減し、クローゼットのアイテムはつねにフル稼働。毎朝の服選びがグッとラクになり、それでいて自分にフィットするすてきな着こなしができるようになります。

　自分の魅力をいかしてくれるスタイルで過ごす毎日は、きっと心地よく楽しいもの。つづけるうちに、やがて「自信」や「自分らしさ」にもつながっていくと思います。

　この本の最大のポイントは、12冊シリーズであること。
　パーソナルカラーは「春」「夏」「秋」「冬」の4タイプ、骨格は「ストレート」「ウェーブ」「ナチュラル」の3タイプに分類され、かけ合わせると合計12タイプ。
　パーソナルカラーと骨格診断の専門知識にもとづき、12タイプそれぞれに似合うファッション・メイク・ヘア・ネイルを1冊ずつにわけてご紹介しています。

　1冊まるごと、私のためのファッション本。
　そんなうれしい本をめざしました。これからの毎日を心地いい自分で過ごすために、この本を手もとに置いていただけたら幸いです。

この本の使い方

この本は

パーソナルカラー **春**

×

骨格診断 **ウェーブ**

タイプの方のための本です

【パーソナルカラー】
「春」「夏」「秋」「冬」の**4**タイプ

×

【骨格】
「ストレート」「ウェーブ」「ナチュラル」の**3**タイプ

かけ合わせると、合計**12**タイプ

〈全12冊シリーズ〉

この本はこれ！

『パーソナルカラー春
×骨格診断ストレート
似合わせBOOK』

『パーソナルカラー春
×骨格診断ウェーブ
似合わせBOOK』

『パーソナルカラー春
×骨格診断ナチュラル
似合わせBOOK』

『パーソナルカラー夏
×骨格診断ストレート
似合わせBOOK』

『パーソナルカラー夏
×骨格診断ウェーブ
似合わせBOOK』

『パーソナルカラー夏
×骨格診断ナチュラル
似合わせBOOK』

『パーソナルカラー秋
×骨格診断ストレート
似合わせBOOK』

『パーソナルカラー秋
×骨格診断ウェーブ
似合わせBOOK』

『パーソナルカラー秋
×骨格診断ナチュラル
似合わせBOOK』

『パーソナルカラー冬
×骨格診断ストレート
似合わせBOOK』

『パーソナルカラー冬
×骨格診断ウェーブ
似合わせBOOK』

『パーソナルカラー冬
×骨格診断ナチュラル
似合わせBOOK』

パーソナルカラーは……
似合う「**色**」がわかる

生まれもった肌・髪・瞳
の色などから、似合う
「色」を導き出します

骨格は……
似合う「**形**」「**素材**」
がわかる

生まれもった骨格や体
型、ボディの質感から、
似合う「形」と「素材」
を導き出します

12冊シリーズ中、自分自身のタイプの本を読むことで、
本当に似合う「色」「形」「素材」の
アイテム、コーディネート、ヘアメイクが
わかります

1 自分自身が「パーソナルカラー春×
骨格診断ウェーブ」タイプで、
似合うものが知りたい方 $\longrightarrow$ **P27**へ

2 自分自身の「パーソナルカラー」と
「骨格診断」のタイプが
わからない方

■ パーソナルカラーセルフチェック $\longrightarrow$ **P12**へ

■ 骨格診断セルフチェック $\longrightarrow$ **P22**へ

$\longrightarrow$ **12冊シリーズ中、該当するタイプの本を手にとってください**

Contents

Chapter1

春×ウェーブタイプの
魅力を引き出す
ベストアイテム

春×ウェーブタイプのベストアイテム12

Chapter2

なりたい自分になる、
春×ウェーブタイプの
配色術

11色で魅せる、春×ウェーブタイプの
配色コーディネート

Chapter3
春×ウェーブタイプの 魅力に磨きをかける ヘアメイク

色の力で、生まれもった魅力を120%引き出す

「パーソナルカラー」

パーソナルカラーって何？

　身につけるだけで自分の魅力を最大限に引き出してくれる、自分に似合う色。

　そんな魔法のような色のことを、パーソナルカラーといいます。

　SNSでひと目惚れしたすてきな色のトップス。トレンドカラーのリップ。いざ買って合わせてみたら、なんだか顔がくすんで見えたり青白く見えたり……。

　それはおそらく、自分のパーソナルカラーとは異なる色を選んでしまったせい。

　パーソナルカラーは、生まれもった「肌の色」「髪の色」「瞳の色」、そして「顔立ち」によって決まります。自分に調和する色を、トップスやメイクやヘアカラーなど顔まわりの部分にとり入れるだけで、肌の透明感が驚くほどアップし、フェイスラインがすっきり見え、グッとおしゃれな雰囲気になります。

　これ、大げさではありません。サロンでのパーソナルカラー診断では、鏡の前でお客さまのお顔の下にさまざまな色の布をあてていくのですが、「色によって見え方がこんなに違うんですね！」と多くの方が驚かれるほど効果絶大なんです。

イエローベースとブルーベース

　最近「イエベ」「ブルベ」という言葉をよく耳にしませんか？

　これは、世の中に無数に存在する色を「イエローベース（黄み）」と「ブルーベース（青み）」に分類したパーソナルカラーの用語。

　たとえば同じ赤でも、黄みがあってあたたかく感じるイエローベースの赤と、青みがあって冷たく感じるブルーベースの赤があるのがわかるでしょうか。

　パーソナルカラーでは、色をイエローベースとブルーベースに大きくわけ、似合う色の傾向を探っていきます。

4つのカラータイプ「春」「夏」「秋」「冬」

　色は、イエローベースかブルーベースかに加えて、明るさ・鮮やかさ・クリアさの度合いがそれぞれ異なります。パーソナルカラーでは、そうした属性が似ている色をカテゴライズし、「春」「夏」「秋」「冬」という四季の名前がついた4つのグループに分類しています。各タイプに属する代表的な色をご紹介します。

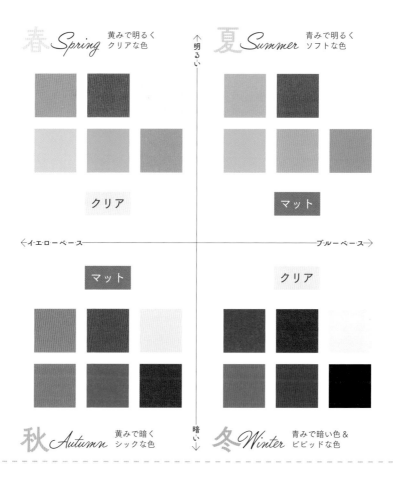

春 Spring　黄みで明るくクリアな色

夏 Summer　青みで明るくソフトな色

クリア

マット

↑明るい

←イエローベース―――――――ブルーベース→

マット

クリア

秋 Autumn　黄みで暗くシックな色

冬 Winter　青みで暗い色&ビビッドな色

↓暗い

パーソナルカラーセルフチェック

あなたがどのパーソナルカラーのタイプにあてはまるか、
セルフチェックをしてみましょう。迷った場合は、いちば
ん近いと思われるものを選んでください。

① できるだけ太陽光が入る部屋、または明るく白い照明光
　の部屋で診断してください。
② ノーメイクでおこなってください。
③ 着ている服の色が影響しないように白い服を着ましょう。

**診断はこちらの
ウェブサイトでも
できます（無料）**

Q1 あなたの髪の色は？
（基本は地毛。カラーリングしている方はカラーリング後の色でもOK）

A	B	C	D
黄みの ライトブラウン	赤みのローズブラウン、 または ソフトなブラック	黄みのダークブラウン、 または緑みの マットブラウン	ツヤのあるブラック

Q2 あなたの髪の質感は？

A	B	C	D
ふんわりと やわらかい （ねこっ毛だ）。	髪は細めで サラサラだ。	太さは普通で コシとハリがある。	1本1本が太くて しっかりしている。

Q3 あなたの瞳は？

A	B	C	D
キラキラとした黄みの ライトブラウン〜 ダークブラウン。	赤みのダークブラウン 〜ソフトなブラック。 ソフトでやさしい印象。	黄みのダークブラウン で落ち着いた印象。 緑みを感じる方も。	シャープなブラック。 白目と黒目の コントラストが強く 目力がある。 切れ長の方も。

Q4 あなたの肌の色は？

A	B	C	D
明るいアイボリー。ツヤがあって皮膚は薄い感じ。	色白でピンク系。なめらかな質感で頬に赤みが出やすい。	暗めのオークル系。頬に色味がなくマットな質感。くすみやすい方も。	ピンク系で色白。または濃いめの肌色で皮膚は厚め。

Q5 日焼けをすると？

A	B	C	D
赤くなってすぐさめる。比較的焼けにくい。	赤くなりやすいが日焼けはほとんどしない。	日焼けしやすい。黒くなりやすくシミができやすい。	やや赤くなり、そのあときれいな小麦色になる。

Q6 家族や親しい友人からほめられるリップカラーは？

A	B	C	D
クリアなピーチピンクやコーラルピンク	明るいローズピンクやスモーキーなモーブピンク	スモーキーなサーモンピンクやレッドブラウン	華やかなフューシャピンクやワインレッド

Q7 人からよく言われるあなたのイメージは？

A	B	C	D
キュート、フレッシュ、カジュアル、アクティブ	上品、やさしい、さわやか、やわらかい	シック、こなれた、ゴージャス、落ち着いた	モダン、シャープ、スタイリッシュ、クール

Q8 ワードローブに多い、得意なベーシックカラーは？

A	B	C	D
ベージュやキャメルを着ると、顔色が明るく血色よく見える。	ブルーグレーやネイビーを着ると、肌に透明感が出て上品に見える。	ダークブラウンやオリーブグリーンを着ても、地味にならずにこなれて見える。	ブラックを着ても暗くならず、小顔＆シャープに見える。

Q9 よく身につけるアクセサリーは？

A	B	C	D
ツヤのあるピンクゴールドや明るめのイエローゴールド	上品な光沢のシルバー、プラチナ	マットな輝きのイエローゴールド	ツヤのあるシルバー、プラチナ

Q10 着ていると、家族や親しい友人からほめられる色は？

A	B	C	D
明るい黄緑やオレンジ、黄色などのビタミンカラー	ラベンダーや水色、ローズピンクなどのパステルカラー	マスタードやテラコッタ、レンガ色などのアースカラー	ロイヤルブルーやマゼンタ、真っ赤などのビビッドカラー

読者様限定 プレゼント

パーソナルカラー×骨格診断別
似合わせBOOK

海保麻里子:著

特別無料
動画配信

著者でカラリストの海保麻里子先生が、
骨格タイプ別のおすすめブランドを
ご紹介します。

LINE登録するだけ！

【動画の視聴方法】

サンクチュアリ出版の公式LINEを
お友だち登録した後、トーク画面にて、
<u>似合わせBOOK</u>
と送信してください。

自動返信で、視聴用のURLが届きます。
動画が届かない、登録の仕方がわからないなど不明点がございましたら、
kouhou@sanctuarybooks.jpまでお問い合わせください。

✓ **A** が多かった方は 春 Spring タイプ

✓ **B** が多かった方は 夏 Summer タイプ

✓ **C** が多かった方は 秋 Autumn タイプ

✓ **D** が多かった方は 冬 Winter タイプ

いちばんパーセンテージの高いシーズンがあなたのパーソナルカラーです。パーソナルカラー診断では似合う色を決める4つの要素である「ベース（色み）」「明るさ（明度）」「鮮やかさ（彩度）」「クリアか濁っているか（清濁）」の観点から色を分類し、「春夏秋冬」という四季の名称がついたカラーパレットを構成しています。

パーソナルカラーは、はっきりわかりやすい方もいれば、複数のシーズンに似合う色がまたがる方もいます。パーソナルカラーでは、いちばん似合う色が多いグループを「1st シーズン」、2番目に似合う色が多いグループを「2nd シーズン」と呼んでいます。

・春と秋が多い方　黄みのイエローベースが似合う（ウォームカラータイプ）
・夏と冬が多い方　青みのブルーベースが似合う（クールカラータイプ）
・春と夏が多い方　明るい色が似合う（ライトカラータイプ）
・秋と冬が多い方　深みのある色が似合う（ダークカラータイプ）
・春と冬が多い方　クリアで鮮やかな色が似合う（ビビッドカラータイプ）
・夏と秋が多い方　スモーキーな色が似合う（ソフトカラータイプ）

The「春」「夏」「秋」「冬」タイプの方と、2nd シーズンをもつ6タイプの方がいて、パーソナルカラーは大きく10タイプに分類することができます（10Type Color Analysis by 4element®）。

※迷う場合は、巻末の「診断用カラーシート」を顔の下にあててチェックしてみてください（ノーメイク、自然光または白色灯のもとでおこなってください）。

春 Spring タイプ

カジュアル　**キュート**

フレッシュ

アクティブ

どんなタイプ？
かわいらしく元気な印象をもつ春タイプ。春に咲き誇るお花畑のような、イエローベースの明るい色が似合います。

肌の色
明るいアイボリー系。なかにはピンク系の方も。皮膚が薄く、透明感があります。

髪・瞳の色
黄みのライトブラウン系。色素が薄く、瞳はガラス玉のように輝いている方が多いです。

似合うカラーパレット

春タイプの色が似合う場合：肌の血色がアップし、ツヤとハリが出る
春タイプの色が似合わない場合：肌が黄色くなり、顔が大きく見える

ベースカラー
（コーディネートの基本となる色）：
アイボリー、ライトウォームベージュ、ライトキャメルなど、黄みのライトブラウン系がおすすめ。

アソートカラー
（ベースカラーに組み合わせる色）：
ピーチピンク、ライトターコイズなどを選ぶと、肌がより明るく血色よく見えます。

アクセントカラー
（配色に変化を与える色）：
ライトオレンジやブライトイエローなどのビタミンカラー、クリアオレンジレッドなどのキャンディカラーがぴったり。

アイボリー　クリームイエロー　ライトウォームベージュ　ライトキャメル

ゴールデンタン　アーモンドブラウン　ウォームグレー　ライトネイビー

ピーチピンク　アプリコット　ライトサーモン　コーラルピンク

ライトクリアゴールド　パステルイエローグリーン　ライトトゥルーグリーン　ライトターコイズ

ブライトイエロー　ライトオレンジ　クリアオレンジレッド　ブライトレッド

アップルグリーン　ブルーバード　ライトトゥルーブルー　クロッカス

夏 Summer タイプ

やさしい
さわやか
やわらかい
上品

どんなタイプ？

エレガントでやわらかい印象をもつ夏タイプ。雨のなかで咲く紫陽花のような、ブルーベースのやさしい色が似合います。

肌の色

明るいピンク系。色白で頬に赤みのある方が多いです。

髪・瞳の色

赤みのダークブラウン系か、ソフトなブラック系。穏やかでやさしい印象。

似合うカラーパレット

夏タイプの色が似合う場合：肌の透明感がアップし、洗練されて見える

夏タイプの色が似合わない場合：肌が青白く見え、寂しい印象になる

ベースカラー
（コーディネートの基本となる色）：
ライトブルーグレー、ソフトネイビー、ローズベージュなどで上品に。

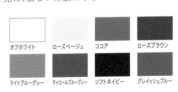

オフホワイト　ローズベージュ　ココア　ローズブラウン

ライトブルーグレー　チャコールブルーグレー　ソフトネイビー　グレイッシュブルー

アソートカラー
（ベースカラーに組み合わせる色）：
青みのある明るいパステルカラーや、少し濁りのあるスモーキーカラーが得意。

ベビーピンク　ペパーミントグリーン　パウダーブルー　ライトレモンイエロー

ローズピンク　モーブピンク　スカイブルー　ラベンダー

アクセントカラー
（配色に変化を与える色）：
ローズレッド、ディープブルーグリーンなど、ビビッドすぎない色が肌になじみます。

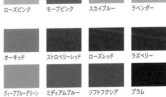

オーキッド　ストロベリーレッド　ローズレッド　ラズベリー

ディープブルーグリーン　ミディアムブルー　ソフトフクシア　プラム

秋 Autumn タイプ

ゴージャス

シック

落ち着いた

こなれた

どんなタイプ？
大人っぽく洗練された印象をもつ秋タイプ。秋に色づく紅葉のような、イエローベースのリッチな色が似合います。

肌の色
やや暗めのオークル系。マットな質感で、頬に色味がない方も。

髪・瞳の色
黄みのダークブラウン系。グリーンっぽい瞳の方も。穏やかでやさしい印象。

似合うカラーパレット

秋タイプの色が似合う場合：肌の血色がアップし、なめらかに見える

秋タイプの色が似合わない場合：肌が暗く黄ぐすみして、たるんで見える

ベースカラー
（コーディネートの基本となる色）：
ダークブラウン、キャメル、オリーブグリーンなどのアースカラーも地味にならず洗練度アップ。

バニラホワイト　ベージュ　コーヒーブラウン　ダークブラウン
マホガニー　キャメル　ブロンズ　オリーブグリーン

アソートカラー
（ベースカラーに組み合わせる色）：
サーモンピンク、マスカットグリーンなど、少し濁りのあるスモーキーカラーで肌をなめらかに。

ディープピーチ　サーモンピンク　マスタード　マスカットグリーン
レンガ　アーミーグリーン　ダークターコイズ　レッドパープル

アクセントカラー
（配色に変化を与える色）：
テラコッタ、ゴールド、ターコイズなど、深みのあるリッチなカラーがおすすめ。

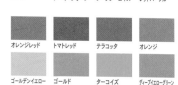

オレンジレッド　トマトレッド　テラコッタ　オレンジ
ゴールデンイエロー　ゴールド　ターコイズ　ディープイエローグリーン

冬 Winter タイプ

スタイリッシュ
モダン
クール
シャープ

どんなタイプ？
シャープで凛とした印象をもつ冬タイプ。
澄んだ冬空に映えるような、ブルーベース
のビビッドな色が似合います。

肌の色
明るめか暗めのピンク系。黄
みの強いオークル系の方も。
肌色のバリエーションが多い
タイプ。

髪・瞳の色
真っ黒か、赤みのダークブラ
ウン系。黒目と白目のコントラ
ストが強く、目力があります。

似合うカラーパレット

冬タイプの色が似合う場合：フェイスラインがすっきりし、華やかで凛とした印象になる
冬タイプの色が似合わない場合：肌から色がギラギラ浮いて見える

ベースカラー
（コーディネートの基本となる色）：
白・黒・グレーのモノトーンが似合う唯一
のタイプ。濃紺も似合います。

ピュアホワイト　ライトグレー　ミディアムグレー　チャコールグレー

ブラック　グレーベージュ　ネイビーブルー

アソートカラー
（ベースカラーに組み合わせる色）：
深みのあるダークカラーで大人っぽく。
薄いシャーベットカラーも得意。

ブルーレッド　マラカイトグリーン　パイングリーン　ロイヤルパープル

ペールグリーン　ペールブルー　ペールピンク　ペールバイオレット

アクセントカラー
（配色に変化を与える色）：
目鼻立ちがはっきりしているので、
ショッキングピンクやロイヤルブルーな
どの強い色にも負けません。

トゥルーレッド　チェリーピンク　ショッキングピンク　マゼンタ

レモンイエロー　トゥルーグリーン　トゥルーブルー　ロイヤルブルー

※ベース、アソート、アクセントカラーは配色によって変わることがあります

「骨格診断」

骨格診断って何？

　肌や瞳の色と同じように、生まれもった体型も人それぞれ。骨格診断は、体型別に似合うファッションを提案するメソッドです。

　体型といっても、太っているかやせているか、背が高いか低いか、ということではありません。

　骨や関節の発達のしかた、筋肉や脂肪のつきやすさ、肌の質感など、生まれもった体の特徴から「似合う」を導き出します。

　パーソナルカラーでは自分に似合う「色」がわかる、といいました。一方、骨格診断でわかるのは、自分に似合う「形」と「素材」。

　服・バッグ・靴・アクセサリーなど世の中にはさまざまなファッションアイテムがあふれていますが、自分の骨格タイプとそのルールを知っておけば、自分に似合う「形」と「素材」のアイテムを迷わず選びとることができるんです。

　体型に変化があっても、骨の太さが大きく変わることはありません。体重の増減が10kg前後あった場合、似合うものの範囲が少し変わってくることはありますが、基本的に骨格タイプは一生変わらないもの。つまり、自分の骨格タイプのルールを一度覚えてしまえば、一生役立ちます。

　年齢を重ねるとボディラインが変化していきますが、じつは変化のしかたには骨格タイプごとの特徴があります。そのため、年齢を重ねることでより骨格タイプに合ったファッションが似合うようになる傾向も。

　パーソナルカラーと骨格診断。どちらも、「最高に似合う」を「最速で叶える」ためのファッションルール。服選びに迷ったときや、鏡のなかの自分になんだかしっくりこないとき、きっとあなたを助けてくれるはずです。

3つの骨格タイプ「ストレート」「ウェーブ」「ナチュラル」

　骨格診断では、体の特徴を「ストレート」「ウェーブ」「ナチュラル」という3つの骨格タイプに分類し、それぞれに似合うファッションアイテムやコーディネートを提案しています。

　まずは、3タイプの傾向を大まかにご紹介しますね。

ストレート *Straight*

筋肉がつきやすく、立体的でメリハリのある体型の方が多いタイプ。シンプルでベーシックなスタイルが似合います。

ウェーブ *Wave*

筋肉より脂肪がつきやすく、平面的な体型で骨が華奢な方が多いタイプ。ソフトでエレガントなスタイルが似合います。

ナチュラル *Natural*

手足が長く、やや平面的な体型で骨や関節が目立つ方が多いタイプ。ラフでカジュアルなスタイルが似合います。

骨格診断セルフチェック

診断はこちらの
ウェブサイトでも
できます（無料）

あなたがどの骨格診断のタイプにあてはまるか、セルフ
チェックをしてみましょう。迷った場合は、いちばん近い
と思われるものを選んでください。
①鎖骨やボディラインがわかりやすい服装でおこないましょう。
　（キャミソールやレギンスなど）
②姿見の前でチェックしてみましょう。
③家族や親しい友人と一緒に、体の特徴を比べながらおこなうとわかりやすいです。

Q1 筋肉や脂肪のつき方は？

　　A 筋肉がつきやすく、二の腕や太ももの前の筋肉が張りやすい。
　　B 筋肉がつきにくく、腰まわり、お腹など下半身に脂肪がつきやすい。
　　C 関節が大きく骨も太め。肉感はあまりなく、骨張っている印象だ。

Q2 首から肩にかけてのラインは？

　　A 首はやや短め。肩まわりに厚みがある。
　　B 首は長めで細い。肩まわりが華奢で薄い。
　　C 首は長くやや太め。筋が目立ち肩関節が大きい。

Q3 胸もとの厚みは？

　　A 厚みがあり立体的（鳩胸っぽい）、バストトップは高め。
　　B 厚みがなく平面的、バストトップはやや低め。
　　C 胸の厚みよりも、肩関節や鎖骨が目立つ。

Q4 鎖骨や肩甲骨の見え方は？

　　A あまり目立たない。
　　B うっすらと出ているが、骨は小さい。
　　C はっきりと出ていて、骨が大きい。

Q5 体に対する手の大きさや関節は？

　　A 手は小さく、手のひらは厚い。骨や筋は目立たない。
　　B 大きさはふつうで、手のひらは薄い。骨や筋は目立たない。
　　C 手は大きく、厚さより甲の筋や、指の関節、手首の骨が目立つ。

Q6 手や二の腕、太ももの質感は？

　　A 弾力とハリのある質感。
　　B ふわふわとやわらかい質感。
　　C 皮膚がややかためで、肉感をあまり感じない。

Q7 腰からお尻のシルエットは？

A 腰の位置が高めで、腰まわりが丸い。

B 腰の位置が低めで、腰が横（台形）に広がっている。

C 腰の位置が高めで、お尻は肉感がなく平らで長い。

Q8 ワンピースならどのタイプが似合う？

A Iラインシルエットでシンプルなデザイン

B フィット＆フレアのふんわり装飾性のあるデザイン

C マキシ丈でゆったりボリュームのあるデザイン

Q9 着るとほめられるアイテムは？

A パリッとしたコットンシャツ、ハイゲージ（糸が細い）のVネックニット、タイトスカート

B とろみ素材のブラウス、ビジューつきニット、膝下丈のフレアスカート

C 麻の大きめシャツ、ざっくり素材のゆったりニット、マキシ丈スカート

Q10 どうもしっくりこないアイテムは？

A ハイウエストワンピ、シワ加工のシャツ、ざっくり素材のゆったりニット

B シンプルなVネックニット、ローウエストワンピ、オーバーサイズのカジュアルシャツ

C シンプルなTシャツ、フィット＆フレアの膝丈ワンピ、ショート丈ジャケット

― 診 断 結 果 ―

 **A** が多かった方は **ストレート**タイプ

 **B** が多かった方は **ウェーブ**タイプ

 **C** が多かった方は **ナチュラル**タイプ

いちばん多い回答が、あなたの骨格タイプです（2タイプに同じくらいあてはまった方は、ミックスタイプの可能性があります）。BとCで悩んだ場合は、とろみ素材でフィット感のある、フリルつきのブラウス＆膝丈フレアスカートが似合えばウェーブタイプ、ローゲージ（糸が太い）のざっくりオーバーサイズのニット＆ダメージデニムのワイドシルエットが似合う方は、ナチュラルタイプの可能性が高いです。

ストレート Straight タイプ

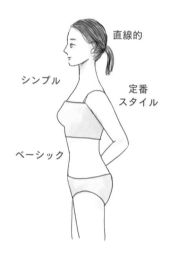

直線的

シンプル

定番
スタイル

ベーシック

どんなタイプ？

グラマラスでメリハリのある体が魅力のストレートタイプ。シンプルなデザイン、適度なフィット感、ベーシックな着こなしで「引き算」を意識すると、全体がすっきり見えてスタイルアップします。

体の特徴

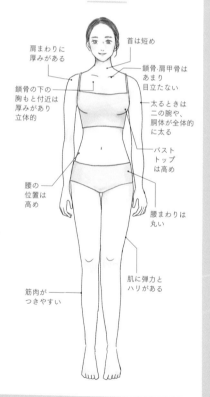

肩まわりに
厚みがある

鎖骨の下の
胸もと付近は
厚みがあり
立体的

腰の
位置は
高め

筋肉が
つきやすい

首は短め

鎖骨・肩甲骨は
あまり
目立たない

太るときは
二の腕や、
胴体が全体的
に太る

バスト
トップ
は高め

腰まわりは
丸い

肌に弾力と
ハリがある

似合うファッションアイテム

パリッとしたシャツ、Vネックニット、タイトスカート、センタープレスパンツなど、シンプル&ベーシックで直線的なデザイン。

似合う着こなしのポイント

Vネックで胸もとをあける、腰まわりをすっきりさせる、サイズやウエスト位置はジャストにする、Iラインシルエットにする、など。

似合う素材

コットン、ウール、カシミヤ、シルク、表革など、ハリのある高品質な素材。

似合う柄

チェック、ストライプ、ボーダー、大きめの花柄など、直線的な柄やメリハリのある柄。

ウェーブ Wave タイプ

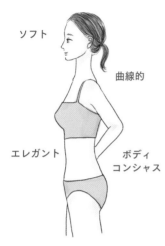

ソフト

曲線的

エレガント　ボディコンシャス

どんなタイプ？

華奢な体とふわふわやわらかい肌質が魅力のウェーブタイプ。曲線的なデザインや装飾のあるデザインで「足し算」を意識すると、体にほどよくボリュームが出て、エレガントさが際立ちます。

体の特徴

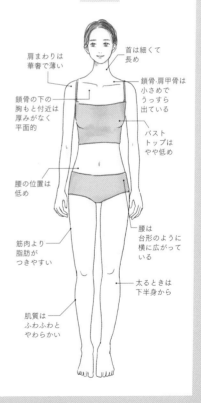

肩まわりは華奢で薄い

首は細くて長め

鎖骨・肩甲骨は小さめでうっすら出ている

鎖骨の下の胸もと付近は厚みがなく平面的

バストトップはやや低め

腰の位置は低め

筋肉より脂肪がつきやすい

腰は台形のように横に広がっている

太るときは下半身から

肌質はふわふわとやわらかい

似合うファッションアイテム

フリルや丸首のブラウス、プリーツやタックなど装飾のあるフレアスカート、ハイウエストのワンピースなど、ソフト＆エレガントで曲線的なデザイン。

似合う着こなしのポイント

フリルやタックで装飾性をプラスする、ハイウエストでウエストマークをして重心を上げる、フィット（トップス）＆フレア（ボトムス）のXラインシルエットにする、など。

似合う素材

ポリエステル、シフォン、モヘア、エナメル、スエードなど、やわらかい素材や透ける素材、光る素材。

似合う柄

小さいドット、ギンガムチェック、ヒョウ柄、小花柄など、小さく細かい柄。

ナチュラル Natural タイプ

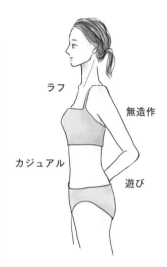

ラフ

無造作

カジュアル

遊び

どんなタイプ？
しっかりした骨格と長い手足が魅力のナチュラルタイプ。ゆったりシルエットや風合いのある天然素材で「足し算」を意識すると、骨格の強さとのバランスがとれて、こなれた雰囲気に仕上がります。

体の特徴

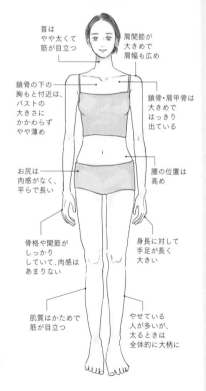

首は
やや太くて
筋が目立つ

肩関節が
大きめで
肩幅も広め

鎖骨の下の
胸もと付近は、
バストの
大きさに
かかわらず
やや薄め

鎖骨・肩甲骨は
大きめで
はっきり
出ている

お尻は
肉感がなく、
平らで長い

腰の位置は
高め

骨格や関節が
しっかり
していて、肉感は
あまりない

身長に対して
手足が長く
大きい

肌質はかための
人が多いが、
太るときは
全体的に大柄に

肌質はかためで
筋が目立つ

似合うファッションアイテム
麻のシャツ、ざっくりニット、ワイドパンツ、マキシ丈スカートなど、ラフ＆カジュアルでゆったりとしたデザイン。

似合う着こなしのポイント
ボリュームをプラスしてゆったりシルエットをつくる、長さをプラス＆ローウエストにして重心を下げる、肌をあまり出さない、など。

似合う素材
麻、コットン、デニム、コーデュロイ、ムートンなど、風合いのある天然素材や厚手の素材。

似合う柄
大きめのチェック、ストライプ、ペイズリー、ボタニカルなど、カジュアルな柄やエスニックな柄。

Chapter 1

春 × ウェーブタイプの
魅力を引き出す
ベストアイテム

1

ピーチピンクのブラウス

春タイプの明るい肌・髪・瞳の色をキュートに引き立てるピーチピンクは、トップスにイチオシの色。ウェーブタイプはシャツよりも、やわらかい肌質に合うとろみ素材のブラウスがおすすめです。細く長い首には、ネックラインが縦にあいていないラウンドネックがマッチ。胸もとのギャザーがボリュームをプラスしてふんわりエレガントに見せてくれます。

Blouse / ROYAL
PARTY LABEL

"ピンク"と"とろみ"の魔法で思いきりキュートに

2

アイボリーのワンピース

ウェーブタイプの王道シルエットは「フィット
＆フレア」。コンパクトなトップス、高い位置で
きゅっと絞ったウエスト、ふわっと広がるスカー
トで構成されたワンピースがとても似合います。
少しだけ大きめのリボンタイで華やかさもアッ
プ。春タイプは真っ白ではなくアイボリーを選ぶ
と、顔色と肌ツヤがさらによく見えて魅力的に。
特別な日にぴったりなスイートスタイルの完成。

One piece / EmiriaWiz

スペシャルな日には
とっておきの１着を

3

ベージュのマーメイドスカート

パンツよりもスカートが得意なウェーブタイプ。
やわらかい素材のマーメイドスカートは、動くた
びに裾が揺れて春×ウェーブタイプの甘い雰囲気
にぴったり。ハイウエスト位置でしっかりマーク
すれば、スリムなウエストがより美しく見え、う
れしい脚長効果も。色は明るい黄みのベージュで。
どんな色とも合わせやすく、コーディネートを軽
やかにしてくれます。

Skirt / 編集部私物

裾がふわっと揺れるたびに
心も足どりも軽くなる

4

パールの揺れるピアス
パールの2連ネックレス

骨格が華奢なウェーブタイプには、アクセサリー
も華奢なデザインがマッチ。春×ウェーブタイプ
は真っ白ではなくアイボリー寄りのパール、明る
いイエローゴールド、キラキラ光る半貴石などで
できた小ぶりのものがおすすめです。ピアスやイ
ヤリングは、揺れるタイプで儚げに。ネックレス
は、鎖骨にかかる程度の長さで重心を上げ、2連
の重ねづけで胸もとにアクセントをプラス。

Earrings / 著者私物
Necklace / VATSURICA

可憐なまなざしによく似合う
甘く儚い輝き

5

ク リ ア カ ラ ー の キ ラ キ ラ メ イ ク

年齢にかかわらずかわいらしい雰囲気のメイクが
似合う春×ウェーブタイプ。明るくクリアな色で、
マットではなくツヤ感や透け感のある仕上がりに
するのがポイントです。アイシャドウはピーチピン
クとライトブラウンで軽やかに。ピンクゴールドや
オーロラのラメできらめきを添えます。チークや
リップには、ピーチピンクやコーラルピンクなど
あたたかみを感じるピンクを選んで血色感アップ。

アイシャドウ /
LUNASOL アイカラーレー
ション 11 Savage Rose
チーク /
NARS ブラッシュ 4016N
DEEP THROAT
ソフトピンク&ゴールデン
シーン
リップ /
CHANEL ルージュ ココ ブ
ルーム 172122 ゼニス

花束のようなメイクで
笑顔も満開に

春×ウェーブはどんなタイプ？

とびきりの"かわいい"を楽しもう

春の花々のようなキュートなカラーや、見ていると元気になるビタミンカラーがよく似合う春タイプ。ウェーブタイプはエレガントなデザインやソフトな素材が得意なので、春カラーと組み合わせるとかわいらしさが倍増します。思いきりスイートな着こなしでも、浮かずに魅力がより引き立つのは、春×ウェーブタイプの特権。

イメージワード

キュート、可憐、甘い、初々しい

春×ウェーブタイプの有名人

藤田ニコル、佐々木希、吉岡里帆、永作博美
（※写真での診断によるものです）

春タイプの特徴　　　　　ウェーブタイプの特徴

- イエローベース、高明度、高彩度、クリア
- 明るくてかわいらしい色が似合う

- 華奢でソフトな体
- 曲線的で装飾のあるアイテムが似合う

似合う色、苦手な色

春タイプに似合う色

　肌・髪・瞳の色が明るめの方が多い春タイプは、明るく透明感のあるイエローベースの色が得意。肌の血色感がアップし、ツヤとハリが生まれます。顔立ち（とくに目の印象）がやさしい方はパステルカラー、顔立ちが華やかな方は鮮やかな色が似合います。
　ウェーブタイプの方には、ピーチピンクやブライトコーラルがとくにおすすめです。

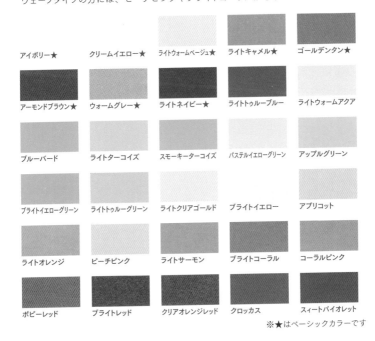

アイボリー★　　クリームイエロー★　　ライトウォームベージュ★　　ライトキャメル★　　ゴールデンタン★

アーモンドブラウン★　　ウォームグレー★　　ライトネイビー★　　ライトトゥルーブルー　　ライトウォームアクア

ブルーバード　　ライトターコイズ　　スモーキーターコイズ　　パステルイエローグリーン　　アップルグリーン

ブライトイエローグリーン　　ライトトゥルーグリーン　　ライトクリアゴールド　　ブライトイエロー　　アプリコット

ライトオレンジ　　ピーチピンク　　ライトサーモン　　ブライトコーラル　　コーラルピンク

ポピーレッド　　ブライトレッド　　クリアオレンジレッド　　クロッカス　　スィートバイオレット

※★はベーシックカラーです

春タイプが苦手な色

　くすみのある色や暗い色は苦手な傾向。顔色が沈んで見えてしまいます。とくにダークグレーやブラックは、服選びで候補にあがりやすい色ですが、春タイプの透明感を消してしまう原因に。

色選びに失敗しないための基礎知識

色の「トーン」のお話

実際に服やコスメを選ぶときは、39ページの似合う色のカラーパレットと照らし合わせると選びやすいと思います。

ここからは、「カラーパレットにない色を選びたい」「似合う色を自分で見極められるようになりたい」という方のために、ちょっと上級者向けの色のお話をしますね。

下の図は、色を円環状に配置した「色相環」という図です。これは、赤・緑・青などの「色相」（色味の違い）を表しています。この色相環をもとに、ベースの色味が決まります。

ただ、色の違いは色相だけでは説明できません。同じ赤でも、明るい赤や暗い赤、鮮やかな赤やく

すんだ赤があるように、色には「明度」（明るさ）や「彩度」（鮮やかさ）という指標もあります。

明度や彩度が異なることによる色の調子の違いを「トーン」と呼んでいます。右ページ下の図は、色相とトーンをひとつの図にまとめたもの。

「ビビッド」は純色と呼ばれる、最も鮮やかな色。そこに白を混ぜていくと、だんだん高明度・低彩度に。黒を混ぜていくと、だんだん低明度・低彩度になります。

白か黒を混ぜるだけでは色は濁らずクリア（清色）ですが、グレー（白＋黒）を混ぜるとマット（濁色）になります。

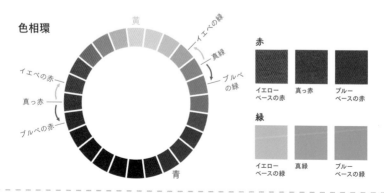

色相環

黄
イエベの緑
真緑
ブルベの緑
イエベの赤
真っ赤
ブルベの赤
青

赤

| イエローベースの赤 | 真っ赤 | ブルーベースの赤 |

緑

| イエローベースの緑 | 真緑 | ブルーベースの緑 |

サンクチュアリ出版 年間購読メンバー
クラブS

sanctuary books members club

1〜2ヵ月で1冊ペースで出版。

電子書籍の無料閲覧、イベント優待、特別付録など、
様々な特典も受けられるお得で楽しい公式ファンクラブです。

■ **サンクチュアリ出版の新刊が
すべて自宅に届きます。**

もし新刊がお気に召さない場合は他の本との
交換もできます。　※合計12冊のお届けを保証。

■ **サンクチュアリ出版の電子書籍が
読み放題になります。**

スマホやパソコン、どの機種からでも閲覧可能です。
※主に2010年以降の作品が対象です。

■ **オンラインセミナーに
特別料金でご参加いただけます。**

著者の発売記念セミナー、本の制作に関わる
プレセミナー、体験講座など。

その他、さまざまな特典が受けられます。

クラブSの詳細・お申込みはこちらから

http://www.sanctuarybooks.jp/clubs

クラブS

会員さまのお声

読みやすい本ばかりでどの本も面白いです。

会費に対して、とてもお得感があります。

電子書籍読み放題と、新刊以外にも交換できるのがいいです。

サイン本もあり、本を普通に購入するよりお得です。

来たり来なかったりで気長に付き合う感じが私にはちょうどよいです。ポストに本が入っているとワクワクします。

自分では買わないであろう本を読んで新たな発見に出会えました。

オンラインセミナーに参加して、新しい良い習慣が増えました。

何が届くかわからないわくわく感。まだハズレがない。

本も期待通り面白く、興味深いものと出会えるし、本が届かなくても、クラブS通信を読んでいると楽しい気分になります。

読書がより好きになりました。普段購入しないジャンルの書籍でも届いて読むことで興味の幅が広がりました。

自分の心を切り開く本に出会いました。悩みの種が尽きなかったのに、そうだったのか!!!ってほとんど悩みの種はなくなりました。

サンクチュアリ出版の主な書籍

頭のいい人の対人関係
誰とでも対等な
関係を築く交渉術

東大生が日本を
100人の島に例えたら
面白いほど経済がわかった!

なぜか感じがいい人の
かわいい言い方

貯金すらまともにできていま
せんが この先ずっとお金に
困らない方法を教えてください!

考えすぎない人
の考え方

相手もよろこぶ 私もうれしい
オトナ女子の気くばり帳

ぜったいに
おしちゃダメ?

カメラはじめます!

学びを結果に変える
アウトプット大全

多分そいつ、
今ごろパフェとか
食ってるよ。

お金のこと何もわからないまま
フリーランスになっちゃいましたが
税金で損しない方法を教えてください!

カレンの台所

オトナ女子の不調をなくす
カラダにいいこと大全

図解 ワイン一年生

覚悟の磨き方
〜超訳 吉田松陰〜

サンクチュアリ出版 = 本を読まない人のための 出版社

はじめまして。サンクチュアリ出版・広報部の岩田梨恵子と申します。この度は数ある本の中から、私たちの本をお手に取ってくださり、ありがとうございます。…って言われても「本を読まない人のための出版社って何ソレ??」と思った方もいらっしゃいますよね。なので、今から少しだけ自己紹介させてください。

ふつう、本を買う時に、出版社の名前を見て決めることってありませんよね。でも、私たちは、「サンクチュアリ出版の本だから買いたい」と思ってもらえるような本を作りたいと思っています。そのために"1冊1冊丁寧に作って、丁寧に届ける"をモットーに1冊の本を半年から1年ほどかけて作り、少しでもみなさまの目に触れるように工夫を重ねています。

そうして出来上がった本には、著者さんだけではなく、編集者や営業マン、デザイナーさん、カメラマンさん、イラストレーターさん、書店さんなどいろんな人たちの思いが込められています。そしてその思いが、時に「人生を変えてしまうほどのすごい衝撃」を読む人に与えることがあります。

だから、ふだんはあまり本を読まない人にも、読む楽しさを忘れちゃった人たちにも、もう1度「やっぱり本っていいよね」って思い出してもらいたい。誰かにとっての「宝物」になるような本を、これからも作り続けていきたいなって思っています。

春タイプに似合う色のトーンは？

個人差はありますが、下のトーン図でいうと、lt（ライト）、b（ブライト）、v（ビビッド）などが春タイプに似合いやすい色。このなかでも黄みのある色を選べばOKです。

明度が高くクリアな色も、難なく着こなせてしまうのが春タイプ。明るい肌・髪・瞳の色と調和し、キラキラと輝かせてくれます。

トーン図

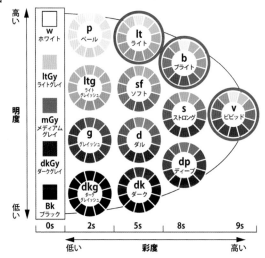

第一印象は「フォーカルポイント」で決まる

フォーカルポイントとは？

おでこから胸もとまでの約30cmのゾーンを「フォーカルポイント」（目を引く部分）といいます。私たちは人と対面するとき、相手のフォーカルポイントを見てその人がどんな人かを無意識に判断しています。

つまり、顔だけでなく「服のネックライン」までもが第一印象を左右するということ。

「似合う」を手軽に、でも確実に手に入れるためには、顔まわりにパーソナルカラーをもってくることと同時に、服のネックラインにこだわることがとても大切なんです。

似合うフォーカルポイントのつくり方

似合うネックラインと、苦手なネックライン。それは、骨格タイプによって決まります。

上半身が華奢で、首が細く長いウェーブタイプは、ネックラインをあけすぎないことが鉄則。ネックラインが大きく縦にあいた服を着ると、体の華奢さや首の長さが強調されすぎて見えてしまいます。

ウェーブタイプに似合うネックラインは、ラウンドネックやボートネック。シンプルなトップスよりも、襟もとにギャザーやフリル、リボンやビジューなど装飾のついたデザインのほうが、適度なボリュームが出て華やかになります。

きちんとしたシーンでは、直線的なシャツより曲線的なブラウスがおすすめ。

反対に、ネックラインの高いタートルネックを着ると、バストトップ位置の低さが目立ってバランスが悪くなってしまう傾向。

選ぶなら、襟が高すぎないプチハイネックがおすすめです。鎖骨の長さのネックレスを重ねて襟もとを分断すると、よりバランスが整う効果も。

ネックラインのほか、フォーカルポイントに近いスリーブ（袖）ラインも、肩まわりや二の腕の印象に影響を与えます。ネックラインに加えて意識するとさらに効果的！

似合う！

しっくり
こない……

ラウンドネックとデザイン性のある袖で、
華やかに！
春タイプに似合う、真っ白すぎないホワイ
トで顔色を明るく。

首もとが大きくあいていると、
華奢さや首の長さが目立つ。
暗すぎる色、シンプルなデザ
インも苦手。

［春×ウェーブタイプ］ **似合うネックライン**

| ラウンドネック | ボートネック | ピーターパンカラー | オフタートル |

| ボーカラー | タイカラー | ラッフルドカラー | セーラーカラー |

［春×ウェーブタイプ］ **似合うスリーブライン**

| ノースリーブ | フレンチスリーブ | 七分袖 | パフスリーブ | タックドスリーブ |

体の質感でわかる、似合う素材と苦手な素材

やわらかい素材が似合うウェーブタイプ

　骨格診断でわかるのは、似合うファッションアイテムの「形」と「素材」。形だけでなく素材もまた、似合う・似合わないを決める重要なポイントです。

　ウェーブタイプは、筋肉より脂肪がつきやすく、肌の質感がやわらかい方が多いタイプ。肌質にマッチするやわらかい素材や薄くて軽い素材、透ける素材が似合います。

　たとえば、動くとひらひら揺れるようなポリエステルやシフォン、繊細なレースなどはとても得意。ブラウスやスカート、ワンピースにとり入れると、エレガントさが引き立ちます。

　冬なら、ソフトな風合いのファンシーツイードやスエードのジャケット、毛足の長いモヘアやアンゴラのニットなどもおすすめです。ふんわりした素材のトップスを身につけても着太りして見えないのはウェーブタイプだからこそ。

　光沢のある素材も得意なので、大人っぽい着こなしをするならベロアやエナメルにもぜひトライしてみてください。

体の質感に負けるのはどんな素材？

　パリッとした綿シャツやギャバジン生地のトレンチコートなど、ストレートタイプに似合うようなフラットでハリのある素材は苦手。やわらかい肌質とマッチしにくく、制服を着ているような印象になります。

　また、厚手のローゲージニットやムートンのコートなど、ナチュラルタイプに似合うような素材も、服に着られているような印象になり苦手です。

　カジュアルよりエレガントな素材が似合いやすいウェーブタイプですが、カジュアルの定番、デニムパンツをはきたいときもあると思います。

　そんなときはかたいデニムではなく、ストレッチのきいたやわらかいデニムを選んでみてください。スリムタイプで、足首の出るクロップド丈がおすすめです。

ウェーブタイプに似合う素材

シフォン

モヘア

スエード

ファンシーツイード

アンゴラ

コットン

ウェーブタイプに似合う柄

ドット

ギンガムチェック

レオパード

花柄

千鳥格子

ペイズリー

重心バランスを制すると、
スタイルアップが叶う

自分の体の「重心」はどこにある？

骨格タイプごとにさまざまな体の特徴がありますが、大きな特徴のひとつに「重心」の違いがあります。骨格診断でいう重心とは、体のなかでどこにボリュームがあるかを示す言葉。

ストレートタイプは、胸もとに立体感がありバストトップの高い方が多いので、横から見るとやや上重心ですが、基本的に偏りはなく「真ん中」。

ウェーブタイプは、バストトップや腰の位置が低く、腰の横張りがある「下重心」。

ナチュラルタイプは、肩幅があって腰の位置が高く、腰幅の狭い「上重心」の方が多いです。

自分の体の重心がどこにあるかを知り、服や小物で重心を移動させてちょうどいいバランスに調整する。これが、スタイルアップの秘訣です！

ウェーブタイプに似合う重心バランス

重心バランスを調整するためにまずチェックしたいのが、「ウエスト位置」と「トップスの着丈」。ウェーブタイプは下重心の方が多いため、重心を上げるアイテムや着こなしを選ぶとバランスが整います。

ウエスト位置はハイウエスト。トップスの着丈は、腰骨に少しかかる丈かそれより短いショート丈が好バランスです。ハイウエストのボトムスにトップスをインする、ベルトやリボンを使って高めの位置でウエストマークするなど、着こなしを工夫して重心を上げるのも効果的。

トップスをタイトフィットのショート丈にし、高い位置でウエストをきゅっと絞り、ふわっと広がるフレアスカートを合わせて、「フィット＆フレア」のXラインシルエットをつくる。これがウェーブタイプのスタイルアップを叶える最大の秘訣なので、ぜひ覚えてくださいね。

重心バランスには、服だけでなく小物も関係します。

バッグは、もつ位置によって重心を上下させることが可能。ウェーブタイプは小さめのバッグを肩からかけると重心が上がります。

靴は、ボリュームによって重心を上下させます。ウェーブタイプは、細いストラップやピンヒールなど華奢なデザインの靴で。フラットシューズをはくならスニーカーよりバレエシューズがおすすめですが、スニーカーの場合はできるだけスリムでコンパクトなものを選びます。

ネックレスの長さも抜かりなく！　約40〜45cmで鎖骨にかかるくらいの、「プリンセス」と呼ばれる長さのネックレスが相性抜群です。

結論！
春×ウェーブタイプに似合う
王道スタイル

明るい春カラーの
フィット＆フレア
スタイル

鎖骨の長さの
「プリンセス」タイプ
のネックレス

甘めデザインの
華奢なアクセサリー

デザイン性のある
ふんわり袖

春タイプの
パーソナルカラーで
キュートに

首もとがあいていない
ラウンドネック

やわらかい
肌質に合う
ソフト素材

ウエストは
高めの位置で
マーク

Xライン
シルエット

小さめバッグ

裾が広がる
フレアスカート

華奢なサンダル

ロングスカートの
場合は、マキシでは
なく足首が出る丈

パーソナルカラーと
骨格診断に
合っていない
ものを着ると……

暗すぎる色は、
顔色が沈んで
見える原因

首もとが
あいていて、
華奢さや首の
長さが目立つ

ベーシックな
アイテムだと
寂しい印象

重心が下がって
バランスがイマイチ

苦手はこう攻略する！

Q. 苦手な色のトップスを着たいときは？

A1. セパレーションする

苦手な色を顔から離す方法が「セパレーション」。
首もとに似合う色のネックレスやスカーフをする
など、似合う色を少しでも顔まわりにもってくる
ことが大切。セパレーションが難しいタートル
ネックは似合う色を選ぶことをおすすめします。

A2. メイクは似合う色にする

メイクの色は顔に直接的な影響を与えます。苦手
な色のトップスの影響を和らげるには、アイシャ
ドウ・チーク・リップを似合う色で徹底！

Q. 暗い色のトップスを着たいときは？

A. アクセサリーで顔に光を集める

春タイプの方は暗すぎる色が苦手なので、代わりにピアス・イヤリングやネックレスで
顔に光を集めましょう。真っ白すぎない、少し黄みがかったパールがおすすめ。

Q. 鮮やかな色のトップスを着たいときは？

A. アイメイクをしっかりする

春タイプのなかでもやさしい顔立ちの方は、アイブロウ・アイライン・マスカラをいつ
もより少ししっかりめに。目の印象を強くすると鮮やかな色が似合いやすくなります。

春×ウェーブタイプのベストアイテム12

　ここからは、春×ウェーブタイプの方におすすめしたいベストアイテム12点をご紹介。春×ウェーブタイプの魅力を最大限に引き出してくれて、着まわし力も抜群のアイテムを厳選しました。

　これらのアイテムを使った14日間のコーディネート例もご紹介するので、毎日の着こなしにぜひ活用してください。

● BEST ITEM 1 ●

オフホワイトのフリルTシャツ

　1枚あると便利なホワイトTシャツは、真っ白ではなくオフホワイトやアイボリーを。コンパクトサイズで、薄手やストレッチ素材のものを選びます。上半身が華奢で、なで肩の方が多いので、フリル袖でボリュームアップ。

首もとが
あいていない
ラウンドネック

コンパクトな
サイズ感

フリル袖で
上半身や肩まわりに
ボリュームをプラス

薄手素材や
ストレッチ素材

真っ白ではなく
オフホワイト

T-shirt / marvelous by Pierrot

ピーチピンクのブラウス

曲線的でエレガントな服が似合うウェーブタイプには、シャツよりブラウスがおすすめ。とろみ素材でコンパクトサイズ、ラウンドネック、胸もとに装飾のあるデザインが◎。ピーチピンクで甘くやさしい雰囲気に。

首もとがあいていない
ラウンドネック

肩が落ちていない
セットインスリーブ（普通袖）

胸もとにふんわり
ギャザー入り

とろみ素材

コンパクトな
サイズ感

キュートな
ピーチピンク

Blouse / ROYAL PARTY LABEL

キャメルのカーディガン

キャメルは、春タイプによく似合うベーシックカラー（定番色）のひとつ。
コンパクトサイズで短めの着丈、ラウンドネックのカーディガンなら、着
まわし力抜群。パールのボタンが華やかさをほどよくプラスしてくれます。

コンパクトな
サイズ感

ラウンドネック

上品に輝く
パールボタン

春タイプのおすすめ
ベーシックカラー、
キャメル

腰骨に少しかかる
くらいの短めの着丈

Cardigan / any SiS（編集部私物）

ベージュのマーメイドスカート

明るいベージュも、キャメルと並んでイチオシのベーシックカラー。ウェーブタイプが得意なマーメイドスカートでとり入れて、着こなしを明るく軽やかに。ハイウエストのデザインと、ウエストをしっかりマークできる華奢なベルトが◎。

ハイウエスト

ウエストマーク
できる華奢な
ベルトつき

春タイプのおすすめ
ベーシックカラー、
ベージュ

やわらかくて
軽い素材

裾がひらひら
揺れるマーメイド
シルエット

Skirt / 編集部私物

キャメルのテーパードパンツ

腰の横張りがある方が多いウェーブタイプ。腰まわりが目立つパンツより
スカートが似合う傾向にありますが、パンツなら細身のテーパードがおす
すめ。足首が覗くクロップド丈なら、重心が上がりスタイルアップ効果も。

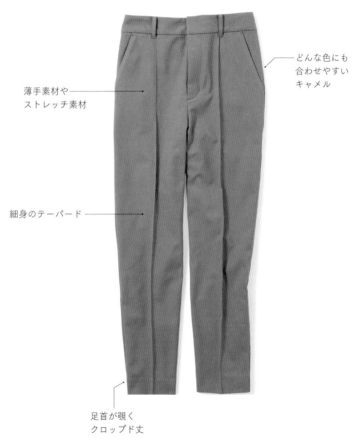

薄手素材や
ストレッチ素材

どんな色にも
合わせやすい
キャメル

細身のテーパード

足首が覗く
クロップド丈

Pants / GU（編集部私物）

アイボリーのワンピース

春×ウェーブタイプのかわいらしさを存分に発揮するなら、甘めのワンピースにぜひトライを。肌なじみのいいアイボリー、フィット＆フレアのXラインシルエット、華やかなリボンタイなど、魅力を120％引き出す要素が満載の1着。

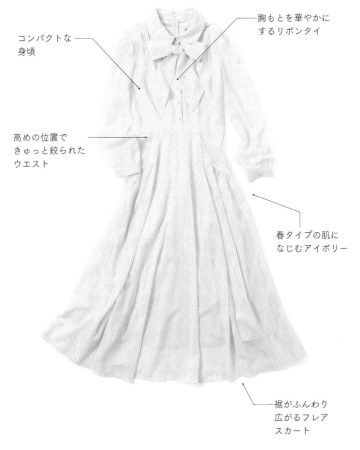

胸もとを華やかに
するリボンタイ

コンパクトな
身頃

高めの位置で
きゅっと絞られた
ウエスト

春タイプの肌に
なじむアイボリー

裾がふんわり
広がるフレア
スカート

One piece / EmiriaWiz

アイボリーのショートジャケット

ウェーブタイプに似合うジャケットは、襟もとがV字に深くあくテーラードより、丸首のノーカラー。ソフトで立体感のあるファンシーツイードは、肌質や体型にもぴったりです。胸もとのポケットやゴールドのボタンも◎。

丸首ノーカラー

胸ポケットや
ゴールドボタンで
立体感アップ

春タイプは
ダークカラーより
アイボリー

華やかなファンシー
ツイード素材

重心を上げる
ショート丈

Jacket / maison de Dolce.

ベージュのトレンチコート

ウェーブタイプは、薄手でやわらかい綿、もしくはポリエステルのトレンチコートをチョイス。ウエストベルトを高い位置できゅっと結んでメリハリをつけて。黄みのあるベージュは顔色が明るくいきいきと見えます。

顔色を
明るく見せる
黄みベージュ

薄手でやわらかい綿
orポリエステル素材

ベルトを
ハイウエスト位置で
結ぶ

Xライン
シルエットを
つくる

長すぎない丈

Trench coat / KOBE LETTUCE

ライトベージュのキルティングバッグ

バッグを選ぶときは、華奢な骨格に合う小さめサイズを。チェーンのキルティングバッグは華やかさが出てウェーブタイプにぴったり。金具がゴールドのものを選ぶと、イエローベースの肌に自然となじみます。

どんなコーデにも
合わせやすい
ライトベージュ

ウェーブが得意な
キルティングバッグ

小さめデザイン

華やかな
チェーンタイプ

ゴールドの金具

Bag / KOBE LETTUCE

ベージュのレースパンプス

靴も骨格に合わせて華奢なものを。重心を上げる役目も担ってくれます。合わせる服を選ばない万能なベージュのパンプスは、レースが施された繊細なデザインを選ぶと足もとからエレガントに。

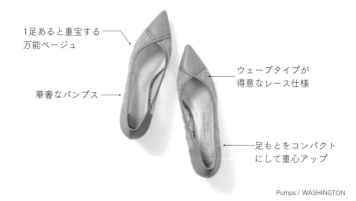

1足あると重宝する
万能ベージュ

華奢なパンプス

ウェーブタイプが
得意なレース仕様

足もとをコンパクト
にして重心アップ

Pumps / WASHINGTON

切手を
お貼り下さい

113-0023

東京都文京区向丘2-14-9

サンクチュアリ出版

『パーソナルカラー春×骨格診断ウェーブ
似合わせBOOK』
読者アンケート係

ご住所　〒□□□-□□□□		
TEL※		
メールアドレス※		
お名前		男 ・ 女
		（　　歳）
ご職業		
1 会社員　2 専業主婦　3 パート・アルバイト　4 自営業　5 会社経営　6 学生　7 その他		

ご記入いただいたメールアドレスには弊社より新刊のお知らせや イベント情報などを送らせていただきます。 希望されない方は、こちらにチェックマークを入れてください。	メルマガ不要 □

※記入いただいた個人情報は、読者プレゼントの発送およびメルマガ配信のみに使用し、
その目的以外に使用することはありません。
※プレゼント発送の際に必要になりますので、必ず電話番号およびメールアドレス、
　両方の記載をお願いします。

　弊社HPにレビューを掲載させていただいた方全員にAmazonギフト券（1000円分）をさしあげます。

『パーソナルカラー春×骨格診断ウェーブ　似合わせBOOK』
読者アンケート

本書をお買上げいただき、まことにありがとうございます。
読者サービスならびに出版活動の改善に役立てたいと考えておりますので
ぜひアンケートにご協力をお願い申し上げます。

■本書はいかがでしたか？　　該当するものに〇をつけてください。

最悪	悪い	普通	良い	最高
★	★★	★★★	★★★★	★★★★★

■本書を読んだ感想をお書きください。

※お寄せいただいた評価・感想の全部、または一部を（お名前を伏せた上で）弊社HP、広告、販促ポスターなどで使用させていただく場合がございます。あらかじめご了承ください。

▼ こちらからも本書の感想を投稿できます。 ▶

https://www.sanctuarybooks.jp/review/

弊社HPにレビューを掲載させていただいた方全員にAmazonギフト券（1000円分）をさしあげます。

パールの揺れるピアス
パールの2連ネックレス

明るいイエローゴールドをベースに、アイボリー寄りのパールや半貴石が施されたアクセサリー。華奢で甘めなデザインが似合います。ピアスやイヤリングは耳から下がるタイプ、ネックレスは鎖骨くらいの長さがおすすめ。

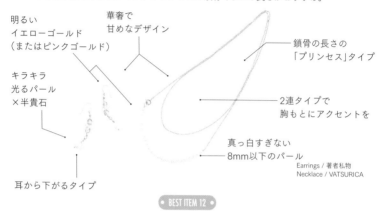

明るい
イエローゴールド
（またはピンクゴールド）

華奢で
甘めなデザイン

鎖骨の長さの
「プリンセス」タイプ

キラキラ
光るパール
×半貴石

2連タイプで
胸もとにアクセントを

真っ白すぎない
8mm以下のパール

Earrings / 著者私物
Necklace / VATSURICA

耳から下がるタイプ

ピンクゴールドの腕時計

手首をさりげなく飾る腕時計も、機能性だけでなく色や形にこだわってコーディネートを楽しみましょう！ 春×ウェーブタイプは、かわいいピンクゴールドで小さめ円形フェイスのものを。ブレスレット風につけられる華奢なタイプが◎。

細めの
チェーンベルト

20mm程度の
小さめ
円形フェイス

ピンクゴールドのメタル素材

Watch / SHEEN

着まわしコーディネート 14Days

　自分に本当に似合うものを選ぶと、「最小限のアイテム」で「最高に似合うコーディネート」をつくることができるようになります。

　先ほどのベストアイテム12点をベースに、スタイリングの幅を広げる優秀アイテムをプラスして、春×ウェーブタイプに似合う14日間のコーディネート例をご紹介します。

BEST ITEM

① オフホワイトのフリルTシャツ

② ピーチピンクのブラウス

③ キャメルのカーディガン

④ ベージュのマーメイドスカート

⑤ キャメルのテーパードパンツ

⑥ アイボリーのワンピース

⑦ アイボリーのショートジャケット

⑧ ベージュのトレンチコート

⑨ ライトベージュのキルティングバッグ

⑩ ベージュのレースパンプス

⑪ パールの揺れるピアス／パールの2連ネックレス

⑫ ピンクゴールドの腕時計

A ブライトコーラルのブラウス

Blouse / marvelous by Pierrot

B アイボリーのリブニット

Knit / marvelous by Pierrot

C パステルイエローグリーン
のカーディガン

Cardigan / 著者私物

D キャメルのアンゴラニット

Knit / marvelous by Pierrot

E インディゴブルーのスリム
デニムパンツ

Jeans / marvelous by Pierrot

F アイボリーのショールカ
ラーコート

Coat / ANAYI(著者私物)

● PLUS ITEM 小物

バッグ

Bag（左上ブラウンバニティ、右上ブラウ
ンファー）/ KOBE LETTUCE、（左ブルー
バッグ、中央ベージュバッグ）/ cache
cache、（右下ピンクバッグ）/ 編集部
私物

靴

Booties（中央上）/ 卑弥呼、Sandals
（左ブラウン）/ marvelous by Pierrot、
（中央ベージュ）/ SEVEN TWELVE
THIRTY（著者私物）、（下パイソン）/
SEVEN TWELVE THIRTY（著者私物）、
Pumps（右パイソン）/ SEVEN TWELVE
THIRTY（著者私物）、Ballet shoes /
KOBE LETTUCE

アクセサリー

Earrings（上）/ VATSURICA、（中）/
saze、（下）/ Van Cleef & Arpels（著者
私物）、Necklace（左）/ 著者私物、（中）
/ Van Cleef & Arpels（著者私物）、（右）
/ VATSURICA

メガネ・サングラス

Sunglasses（上）/ Ray-Ban®(編集部私
物)、（中）/ Zoff、Glasses（下）/ Zoff

そのほかの小物

Fur tippet（左レオパード）/
著者私物、Stole（黄緑、黄色、
右白ファーつき）/ 著者私物、
（下コーラルピンク）/ 編集部
私物、Hat / 著者私物、Beret
/ 著者私物

Day1

ブライトコーラルとインディゴデニムでつくる、反対色相のコントラスト配色。麦わら帽子とバッグ、サンダルをトップスの同系色にして、まとまり感を出したコーディネートです。カジュアルなデニムパンツも、ブラウスを合わせると上品なやさしい雰囲気に。短め丈ブラウスをパンツにインせずにふんわり着れば、腰まわりもさりげなくカバー。

① + A + E

Day2

アイボリーのワンピースとパステルイエローグリーンのカーディガンで、やさしくフレッシュなイメージに。コントラストを抑えた穏やかな配色です。バッグとサンダルはベージュできちんと感をアップさせると、少しかしこまった場でもOK。胸もとのリボンとアクセサリー効果のあるバッグのチェーンが、フォーカルポイントを華やかにしてくれます。

⑥+⑨+⑩+C

Day3

淡い色のトップスとスカートに、明るい差し色を加えたさわやかな色づかいは、初夏の休日にぴったり。全体のトーンをそろえつつ、スカート・バッグ・サンダルはほんの少しトーンをずらした同系色でまとめて、コーディネートに奥深さを出しています。スカートはウエストをマークしてくびれを強調すると、ウェーブタイプのボディラインが映えるシルエットに。

①+④+⑪+C

よく晴れた休日は
のんびり美術館めぐり

Day4

フランス国旗のトリコロール配色を大人っぽく仕上げるなら、オフホワイト×インディゴデニム×レッドのバレエシューズがおすすめ。肩にかけたカーディガンと小物をキャメルでまとめると、やさしい雰囲気になります。トップスもフリル袖で華やかに。カジュアルなスタイルでもスニーカーではなくバレエシューズを合わせることで、ウェーブタイプのエレガントさが引き立ちます。

①+⑤+F

パリジェンヌ風コーデで人気のベーカリーへ

フレッシュさ

Day5

あふれる初夏の装い

オフホワイト×キャメルのまろやかな配色に、ターコイズブルーの小さめバッグとパステルイエローグリーンのストールを合わせた、春タイプらしさ満載のフレッシュなコーディネート。ウェーブタイプは光る素材が得意なので、クリスタルとパールの揺れるピアスで華やかさを添えて。パンツスタイルでもエレガントな雰囲気でまとめると似合います。

①+⑤+⑪

友達と遊ぶ日は
元気なかわいらしさをまとって

Day6

トップスのブライトコーラルは肌をより
つややかにし、明るく血色よく見せる効
果があります。ベージュのスカートと組
み合わせたら、春タイプらしい元気な
キュートさが引き立つ着こなしの完成で
す。胸もとにはネックレスを忘れずに。
鎖骨の長さのネックレスをつけて視線を
上にもってくることで、重心が上がりス
タイルアップ効果が期待できます。

④+A

Day7

打ち合わせ続きの1日を
乗りきる甘辛コーデ

愛らしい配色で甘さをつくり、パンツや
パイソン柄のパンプスで辛さを足すこと
で、春タイプらしいキュートな甘辛ミッ
クススタイルに仕上がります。足もとを
辛めのアイテムにすれば大人感もアッ
プ。ファンシーツイードのジャケットは、
キリッとしたオフィススタイルをウェー
ブタイプ向けにエレガントにアレンジし
てくれる優秀アイテム。

②+⑤+⑦+⑨

Day8

アイボリーとブラウン系の
グラデーションでほっこり。
コートの下は、色相やトーン
を少しずつずらしたキャメル
やベージュを合わせるとお
しゃれになります。寒い日に
着たくなるハイネックニット
は、襟が高すぎないタイプを。
ラウンドネック寄りのものな
ら、細く長い首をいかしてき
れいに着こなせます。鎖骨の
長さのネックレスで、胸の位
置が低く見えるのをカバー。

Ⓢ+Ⓓ+Ⓕ

春に咲く可憐な花のような
スカートスタイル

Day9

王道スカートスタイルは、春タイプの
ベースカラー（コーディネートの基本と
なる色）のベージュと、アソートカラー
（ベースカラーに組み合わせる色）のピー
チピンクの配色で、ほっとする親しみや
すさを加えて。ゴールドと白蝶貝のアク
セサリーでリッチな華やかさもプラスし
ましょう。甘くなりすぎない、絶妙なバ
ランス感のスカートスタイルになりま
す。

②+④+⑩+⑫

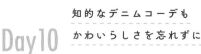

知的なデニムコーデも
かわいらしさを忘れずに

Day10

クリーンなアイボリーと知性を感じるネ
イビーのデニム。それだけでも落ち着い
た着こなしになりますが、ピーチピンク
を少し入れることで甘さがプラスされ、
春タイプならではの自然体でかわいらし
いパンツスタイルに仕上がります。デコ
ラティブなチェーンバッグをアクセサ
リーに見立てて華やかに。足もとはパイ
ソン柄のサンダルで、ピリッとスパイス
をきかせて。

②+⑦+⑪+圖

[Chapter 1] 春×ウェーブタイプの魅力を引き出すベストアイテム

甘い着こなしに
メガネで大人の余裕を

Day11

キャメルやアイボリーは、春タイプの明るい肌によくなじむカラー。ライトブラウンの髪や瞳とも調和して、なんともいえないかわいらしい雰囲気が生まれます。そこにあえてメガネを合わせて、甘さをコントロールするのが大人のおしゃれ。着丈の短いコンパクトなカーディガンは、ワンピースの上に重ねて着ることで重心が上がり、スタイルアップして見えます。

⑨+④+⑪+⑪

得意なヒョウ柄で
さりげなく
Day12 スタイルアップ

アイボリーとキャメルのマイルドな配色のなかに、アクセントとしてレッドを入れることで、アクティブなイメージがプラスされます。ウェーブタイプのほっそりした上半身が映えるリブニットは、パンツにインしてウエストを強調するとスタイルアップ効果あり。ファーで胸もとにボリュームを足せば、視線が上がって重心バランスも整います。

⑤+⑰+□

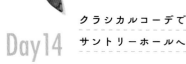

Day13

ベージュとキャメルの濃淡配色に反対色であるターコイズブルーのバッグを添えて、メリハリのあるコーディネートに。キャメルとターコイズブルーは、おしゃれ上級者に見える洗練された組み合わせ。ぜひ試してみてください。アクセントカラーは小さい面積でとり入れるのがポイント。ファーショールやパールのアクセサリーで抜け感も出して。

クラシカルコーデで

Day14

サントリーホールへ

ベージュのトレンチコートにアイボリーのワンピース、コーラルピンクのストールを合わせれば、春×ウェーブタイプの王道配色の完成。ストールを黄色にすれば陽気なイメージに、黄緑にすればフレッシュなイメージになります。トレンチコートの前を閉めるときは、ベルトでウエストをきゅっと絞ると、ウェーブタイプのボディラインがいきるフィット＆フレアシルエットに。

Column

骨格診断がしっくりこない原因は「顔の印象」

ウェーブタイプなのに曲線が似合わない!?

　骨格診断をしていると、「体型はウェーブなのに、ウェーブのアイテムがしっくりこない」という方が時々います。

　その場合、まず考えられる理由は「顔の印象」。たとえば、目が一重や奥二重、鼻筋がとおっているなど、顔のなかに直線が多く入っている方は、本来ウェーブタイプに似合うはずの曲線的なアイテムが似合いにくいケースがあるのです。

　パーソナルカラー診断では「似合う色」を、骨格診断では「似合う形と素材」を見極めますが、加えてサロンでおこなっているのが「似合うファッションテイスト」を見極める『顔診断』。

　顔診断では、「顔の縦横の比率」「輪郭や顔のパーツが直線的か曲線的か」「目の形や大きさ」などにより、顔の印象を4つのタイプに分類します。

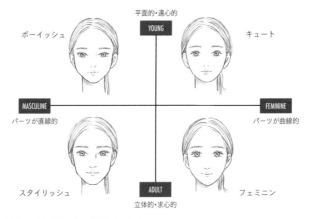

顔の印象に近づける、似合わせのコツ

　ウェーブタイプなのにウェーブのアイテムが似合いにくいのは、直線的な「ボーイッシュ」「スタイリッシュ」タイプ。

　その場合、顔に近いネックラインやスリーブラインに直線的なデザインをとり入れたり、ややハリのある素材を選んで「かわいい」より「きれいめ」なスタイリングを意識したりすると、しっくりきやすくなります。

　大人顔の「スタイリッシュ」タイプの方は、ボトムスの丈を少し長くして大人っぽく仕上げ、顔のイメージと合わせるのもおすすめ。

Chapter 2

なりたい自分になる、
春×ウェーブタイプの
配色術

ファッションを
色で楽しむ配色のコツ

ファッションに色をとり入れるのはハードルが高くて、気がつけばいつも全身モノトーン……。そんな方も多いのではないでしょうか?

でも、自分のパーソナルカラーを知ったいまならチャレンジしやすいはず。ぜひ積極的に似合う色をとり入れて、バリエーション豊かな着こなしを楽しんでいただきたいなと思います。

この章からは、色のあるアイテムをとり入れるときに役立つ「配色」のコツをご紹介。

配色とは、2種類以上の色を組み合わせること。相性のいい色同士もあれば、組み合わせるとイマイチな色同士もあり、配色によって生まれる雰囲気もさまざまです。

すてきな配色に見せる基本ルールを知っておくと、なりたいイメージやシチュエーションに合わせて自在に色を操れるようになり、ファッションがもっと楽しくなります。

すてきな配色に見せるには

40ページで、色味の違いを「色相」、明度や彩度の違いを「トーン」と呼ぶとお伝えしました。配色で重要なのは、この「色相」と「トーン」の兼ね合いです。

・**色相を合わせるなら、
　トーンを変化させる。**

・**色相を変化させるなら、
　トーンを合わせる。**

これが配色の基本セオリー。どういうことなのか、コーディネートに使える6つの配色テクニックとともにくわしく説明していきますね。

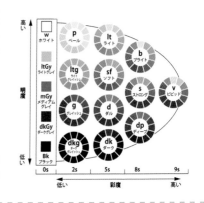

配色テクニック①　色相を合わせる

色相環で近い位置にある色同士（色味が似ている色同士）を組み合わせるときは、トーンを変化させます。たとえばオレンジ系の色相同士を配色するなら、明度や彩度の異なるオレンジを組み合わせる、といった感じ。色相を合わせる配色のことを「ドミナントカラー配色」といいます。

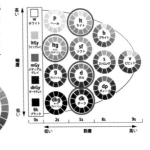

色相環で近い色味でまとめ、トーンは変化をつけて選択。

トーンオントーン

ドミナントカラー配色のなかでもコーディネートに使いやすいのが「トーンオントーン配色」。トーンのなかで比較的「明度」の差を大きくつける方法です。色相（色味）のまとまりはありながらも、明るさのコントラストがはっきり感じられる配色です。

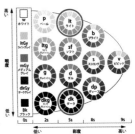

色相環で近い色味（同一も含む）でまとめ、トーンは縦に離す。明度差を大きくとって選択。

配色テクニック②　トーンを合わせる

色相環で遠いところにある色相同士（色相に共通性がない反対色）を組み合わせるときは、トーンを合わせます。明度や彩度が似ている色同士を組み合わせると、きれいな配色になります。トーンを合わせる配色のことを「ドミナントトーン配色」といいます。

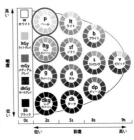

トーン図で近いトーンでまとめ、色相は変化をつけて選択。

配色テクニック③ 色相・トーンを合わせる（ワントーン配色）

色相・トーンともにほとんど差のない色同士をあえて配色することもあります。ファッション用語では「ワントーン」と呼ばれたりもします。専門用語では「カマイユ配色」や「フォカマイユ配色」（カマイユ配色より色相やトーンに少し差をつけた配色）と呼ばれる穏やかな配色で、その場合は異なる素材のアイテム同士を組み合わせるとおしゃれです。

色相、トーンともに色相環・トーン図で近い色で選択。

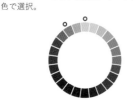

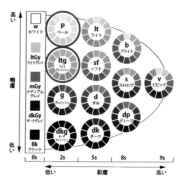

配色テクニック④ 色相・トーンを変化させる（コントラスト配色）

一方、色相やトーンが対照的な色同士を組み合わせると、コントラストがはっきりした配色になります。代表的な配色としては、2色の組み合わせの「ビコロール配色」、3色の組み合わせの「トリコロール配色」があります。

色相やトーンを、色相環・トーン図で離れた色で選択。

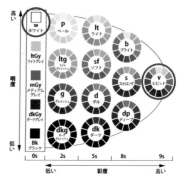

コーディネートが単調で物足りないときに使うといいのが「アクセントカラー」（強調色）。少量のアクセントカラーをとり入れるだけで、配色のイメージが驚くほど変わります。アクセントカラーは、ベースカラーやアソートカラーの「色相」「明度」「彩度」のうち、どれかの要素が大きく異なる色を選ぶのがポイント。

ベース、アソートに対して、反対の要素の色を入れる（この場合はトーン図で主に横に離れた、彩度が反対の色）。

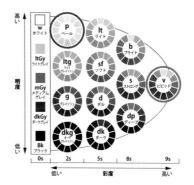

色と色の間に無彩色（白・グレー・黒など色味のない色）や低彩度色（色味の弱い色）を挟む方法。色相・トーンの差が少ない似た色同士の間にセパレートカラーを挟むと、メリハリが生まれます。また、組み合わせると喧嘩してしまうような色同士の間に挟むと、きれいにまとまります。ニットの裾からシャツを覗かせたり、ベルトをしたり、セパレートカラーを使うときは少ない面積でとり入れるのがポイント。

間に白を入れることで、すっきりとした印象に。

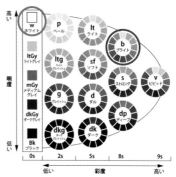

どの色を着るか迷ったときは？
色の心理的効果

自分に似合う色を知っていても、どの色を着ればいいのか迷うことがあるかもしれません。そんなときは、「今日1日をどんな自分で過ごしたいか」から考えてみるのはいかがでしょうか。色によって得られる心理効果はさまざま。色の力を借りれば、新しい自分や新しい日常と出会えるかも！

エネルギッシュに過ごしたい日は
RED レッド

炎や血液を彷彿とさせる、エネルギッシュで情熱的なレッド。大脳を刺激して興奮させる効果があります。

・自分を奮い立たせて、やる気を出したい日に
・自信をもって過ごしたい日に
・ここぞという勝負の日に

社交的に過ごしたい日は
ORANGE オレンジ

太陽の光のようにあたたかく親しみがあり、活動的なオレンジ。新しい環境や出会いの場におすすめの色です。

・積極的にコミュニケーションをとりたい日に
・陽気な気分で過ごしたい日に
・カジュアルな着こなしをしたい日に

思いきり楽しく過ごしたい日は
YELLOW イエロー

明るく元気なイメージのイエロー。目立ちやすく、人の注意を引く色なので、信号機や標識にも使われます。

・ポジティブに過ごしたい日に
・まわりから注目されたい日に
・知的好奇心やひらめき力を高めたい日に

リラックスして過ごしたい日は
GREEN グリーン

調和・平和・協調など、穏やかな印象をもつグリーン。自然や植物のように心身を癒やしてくれるヒーリングカラー。

・心身にたまった疲れを癒やしたい日に
・些細なことでクヨクヨしてしまう日に
・穏やかな気持ちでいたい日に

冷静に過ごしたい日は
BLUE ブルー

寒色の代表色で、冷静・信頼・知性などを連想させるブルー。血圧や心拍数を低減させ、気持ちの高揚を鎮める作用があります。

・心を落ち着かせたい日に
・考えごとやタスクが多く、焦っている日に
・理知的な雰囲気を演出したい日に

個性的な自分で過ごしたい日は

PURPLE パープル

古くから高貴な色とされてきた
パープル。正反対の性質をもつ
レッドとブルーからなるため、神
秘的な魅力があります。

・我が道を進みたい日に
・ミステリアスな魅力をまといたい
　日に
・格式高い場所へ行く日に

思いやりをもって過ごしたい日は

PINK ピンク

精神的な充足感を与えてくれるピ
ンク。女性ホルモンであるエスト
ロゲンの働きを高め、肌ツヤを
アップさせる作用も。

・まわりの人たちにやさしくしたい
　日に
・幸福感を感じたい日に
・誰かに甘えたい日に

堅実に過ごしたい日は

BROWN ブラウン

大地のようにどっしりとした安定
を表すブラウン。ダークブラウン
はクラシックなイメージの代表色
でもあります。

・コツコツがんばりたい日に
・自然体でいたい日に
・高級感を演出したい日に

自分を洗練させたい日は

GRAY グレー

日本を代表する粋な色、グレー。
「四十八茶百鼠」という言葉があ
るように、江戸時代の人は100種
以上ものグレーを生み出したそう。

・こなれ感を出したい日に
・シックな装いが求められる日に
・控えめに過ごしたい日に

新しいスタートを切りたい日は

WHITE ホワイト

白無垢やウェディングドレス、白
衣など、清く神聖なものに使われ
るホワイト。純粋さや清潔さを感
じさせる色です。

・新しいことを始める日に
・素直でありたい日に
・まわりの人から大切にされたい日に

強い自分でありたい日は

BLACK ブラック

強さや威厳、都会的などのイメー
ジをもつブラック。1980年代以
降、ファッション界で圧倒的な人
気を誇ります。

・強い意志を貫きたい日に
・プロフェッショナル感を出したい日に
・スタイリッシュな着こなしをした
　い日に

11色で魅せる、
春×ウェーブタイプの配色コーディネート

グリーン
GREEN 1

さわやか新緑コーデで
友達とカフェへ

リラックス効果があるグリーンの濃淡配
色をスカートとパンプスでとり入れて、
オフホワイトのトップスでフレッシュさ
を。グリーンの類似色相（隣接色相より
色味の差がある同系色）であるイエロー
を足すと、元気の出るビタミンカラー配
色になります。細かい柄が似合うウェー
ブタイプは、ギンガムチェックも得意。
ロングスカートはミモレ丈〜足首が見え
るくらいの丈が◎。

リラックス＆フレッシュ
ビタミンカラーでパワーチャージ
休日カフェコーデ

①色相を合わせる

T-shirt, Skirt / KOBE LETTUCE
Pumps / FABIO RUSCONI PER WASHINGTON
Bag / cache cache
Stole / EPOCA THE SHOP(著者私物)
Earrings / saze
Necklace / VATSURICA

GREEN 2
グリーン

配色で清涼感を出した
夏のスカートスタイル

夏らしいコーディネートを楽しみたいときは、彩度にコントラストをつけた鮮やかなグリーン×ホワイトのメリハリ配色がおすすめ。サンダルはトップスのグリーンと同系色の黄緑系。少し色相をずらすと、まとまり感だけではなくこなれ感もアップします。仕上げに、ブラウン系のサングラスとバッグで全体を引き締めて。

夏の日差しに似合うメリハリコーデ
おしゃれ配色のコツ
小物で引き締め

④色相・トーンを変化させる

Knit / marvelous by Pierrot
Skirt, Sandals / KOBE LETTUCE
Bag / PINKY&DIANNE
Sunglasses / Ray-Ban® （編集部私物）
Earrings / Mon Amie

似合うグリーンの選び方

春タイプに似合うグリーンは、新緑のようなフレッシュでみずみずしい黄緑。明るくクリアな黄緑を選ぶことで、もち前の透明感のある肌がより美しく見える効果が期待できます。暗いオリーブグリーン、青みの強いマラカイトグリーンは、顔色が悪く見えてしまうので注意。

似合うグリーン

パステルイエローグリーン　アップルグリーン　ライトトゥルーグリーン

苦手なグリーン

オリーブグリーン　マラカイトグリーン　パイングリーン

PINK 1

ロマンティックな甘コーデは
足もとにスパイスを

リュクス感のあるサテンのワンピース
は、ソフトな肌のウェーブタイプに似合
う素材。ハイウエストの切り替えでスタ
イルアップ効果を狙って。ピンク系を合
わせた甘めの配色ですが、パイソン柄の
華奢なサンダルを合わせると大人っぽく
仕上がります。ウェーブタイプは細かい
柄が得意なので、柄アイテムを選ぶとき
は柄の大きさに着目してみてください。

\# 高見えサテンワンピ
\# 足もとは辛口パイソン柄
\# 甘コーデにちょい足し

①色相を合わせる

One piece / CELFORD（著者私物）
Sandals / SEVEN TWELVE THIRTY（著者私物）
Bag, Stole / 編集部私物
Earrings, Necklace / Van Cleef & Arpels（著者私物）
Watch / SHEEN

PINK 2
ピンク

パートナーの家族と
会う日は品を大切に

風に揺れるシフォンのプリーツスカート
は、ウェーブタイプの得意なアイテム。
淡いピンクでふんわり上品に。ブラウン
系のファーバッグやブーティを合わせる
とやさしい雰囲気になります。ショート
丈カーディガンは、腕部分がふくらみ手
首できゅっと絞られるデザインスリーブ
がウェーブタイプにぴったり。ビジュー
のボタンが品よく輝きます。

淡いピンクで上品に
プリーツスカートが主役
何着あっても便利なカーディガン

①色相を合わせる

Cardigan / ANAYI（著者私物）
Skirt / ATTRANGS
Booties / 卑弥呼
Bag / KOBE LETTUCE
Stole / 編集部私物
Earrings / Van Cleef & Arpels（著者私物）
Necklace, Bracelet / 著者私物

似合うピンクの選び方

濁りのないクリアな明るいピンク、ぬく
もりを感じるピーチピンク、コーラルピ
ンクやオレンジに近いライトサーモン
は、春タイプの肌を血色よく見せ、キュー
トな雰囲気に。反対に、濁りや青みの強
いモーブピンクや暗いマゼンタは、顔色
が悪く見えてしまいます。

似合うピンク

ピーチピンク

コーラルピンク

ライトサーモン

苦手なピンク

モーブピンク

オーキッド

マゼンタ

BEIGE 1

アクセントカラーの
オレンジに元気をもらう

色相を合わせてトーンに変化をつける
「ドミナントカラー配色」を、同系色の
ベージュ系とオレンジ系でとり入れた
コーディネート。鮮やかなオレンジがき
いて元気な印象に。足もとは少し深みの
あるベージュで落ち着きもプラス。ス
トールは薄手のやわらかい素材のもの
を。差し色としてはもちろん、さっと羽
織ってエアコン対策にも使える便利なア
イテムです。

#元気を出したい日のコーデ
#鮮やかなビタミンカラー
#ストールづかいをマスター

①色相を合わせる

⑤アクセントカラーを入れる

One piece / ANAYI（著者私物）
Cardigan / 著者私物
Pumps / WASHINGTON
Bag / cache cache
Earrings / saze
Necklace / VATSURICA

BEIGE 2
（ベージュ）

反対色の効果で
おしゃれ偏差値アップ

穏やかなベージュ系の配色に、反対色の
ターコイズブルーをアクセントとして
入れると、のびのびとした雰囲気の着
こなしに。反対色をとり入れるときは、
トーンを合わせるとおしゃれに見えま
す。ほっそりした首もとにボリュームを
もたせるフードつきショートコートは、
ウェーブタイプの得意なアイテム。フレ
アスカートとも相性がいいのでおすすめ
です。

フードつきコートでかわいらしく
反対色コーデのコツ
のびのびリラックス配色

⑤アクセントカラーを入れる

Knit / KOBE LETTUCE
Coat / SHOO・LA・RUE
Pants / ROYAL PARTY LABEL
Pumps / SEVEN TWELVE THIRTY（著者私物）
Stole, Necklace / 著者私物
Bag / Faviora faux fur
Sunglasses / Zoff

似合うベージュの選び方

黄みを感じるビスケットのようなベー
ジュ、まろやかなキャメルなどの明るい
色を選ぶと、春タイプの明るい肌や瞳の
色と調和して、とてもかわいらしい雰囲
気に。ベージュはヌーディーカラーでも
あるので、かわいさだけでなく大人っぽ
い魅力も発揮できる、春タイプイチオシ
のベーシックカラーです。グレーっぽい
ベージュは顔色がさびしい印象になるの
で気をつけましょう。

似合うベージュ

ライトウォームベージュ　ライトキャメル

苦手なベージュ

グレーベージュ

デートは
かわいい×上品の絶妙バランスで

かわいらしさ、品のよさ、さわやかさ、
さまざまな魅力が詰まった最強ホワイト
コーデ。春タイプはアイボリーやオフホ
ワイトなど、あたたかくソフトなホワイト
を選びましょう。カラフルなパイピング
がかわいいカーディガンは、ボタンをあ
けても閉めても様になるうれしいアイテ
ム。風に揺れるプリーツスカートがぴっ
たりです。バッグと靴はブラックではな
くベージュにするとやさしい印象に。

\# キュートとエレガントの両立
\# 揺れるスカート
\# ベージュ小物の魔法

⑤アクセントカラーを入れる

Cardigan / ANAYI（著者私物）
Skirt / Nau Waleno
Pumps / RANDA
Bag / KOBE LETTUCE
Earrings / VATSURICA

WHITE 2
ホワイト

夏感あふれる装いで
海辺のイタリアンレストランへ

レースのセットアップに、色鮮やかな小
物で清涼感を添えたさわやか配色。海が
見えるおしゃれなお店にぴったり。繊細
なレースはボディラインをほどよくボ
リュームアップしてくれます。ウェーブ
タイプはフレアスカートが似合います
が、タイトスカートを選ぶときは総レー
スなどエレガントなものを。膝が隠れる
丈〜膝下10cm程度の丈がおすすめ。

レースでラグジュアリーに
大人の洗練休日スタイル
配色の力で涼しげに

⑤アクセントカラーを入れる

Set up / NOLLEY'S(著者私物)
Earrings / 著者私物
Pumps / 卑弥呼
Bag / cache cache
Stole / 著者私物

似合うホワイトの選び方

ほんのり黄みがかったアイボリー、生成
りのようなぬくもりのあるホワイトがお
すすめ。春タイプの透明感のある肌によ
くなじみ、健康的な魅力を放ちます。真っ
白だと浮いてしまうので注意して。パー
ルのネックレスやピアスなども、やさし
くまろやかな色を選ぶと白浮きしません。

似合うホワイト

アイボリー	オフホワイト	バニラホワイト

苦手なホワイト

ピュアホワイト

[Chapter 2] なりたい自分になる、春×ウェーブタイプの配色術　　83

YELLOW 1
イエロー

ホテルのアフタヌーンティーは
華やかな装いで

黄色系の色相のライトイエロー×アイボ
リー×ベージュに、類似色相の黄緑をプ
ラス。ソフトなトーンで上品かつ華やか
にまとめた、ラグジュアリーホテルでの
アフタヌーンティーにぴったりのコー
ディネートです。とろみ素材のＸライ
ンワンピースはウェーブタイプに最適。
バッグと靴の色をそろえると、きちんと
感もアップします。

バイカラーワンピース
セミフォーマルな場も OK
ちょっと特別な休日に

（③色相・トーンを合わせる）

One piece / ATTRANGS
Pumps / WASHINGTON
Bag / KOBE LETTUCE
Stole / 著者私物
Earrings, Necklace / 著者私物

YELLOW 2
イエロー

鮮やかなボタニカル柄で
元気さもアップ

鮮やかなイエローのボタニカル柄フレア
スカートには、ホワイトのトップス、黄
緑のサンダルをセレクト。同じイエロー
でも、鮮やかさが増すとより元気で華や
かなイメージになります。トップスは首
もとをあけず、代わりに二の腕を出して
ヘルシーに。トップスをスカートイン
してウエストマークすれば、きれいなX
ラインシルエットが完成。

きれい色のスカートが主役
フィット&フレアの美シルエット
華奢アクセも忘れずに

①色相を合わせる

Blouse / Nau Waleno
Skirt / mite
Sandals / KOBE LETTUCE
Bag / cache cache
Earrings, Necklace / VATSURICA

似合うイエローの選び方

イエローはキュートなイメージの春タイ
プによく似合う色。顔立ちがやさしい方
は、カスタードクリームのようなまろや
かなイエローがおすすめ。目もとがはっ
きりした方は、鮮やかなイエローがとて
も似合います。同系色のオレンジや黄緑
と合わせるとよりフレッシュで元気な印
象に。同じイエロー系でも、暗いゴール
ドや濁ったマスタードは苦手です。

似合うイエロー

クリームイエロー　ライトクリアゴールド　ブライトイエロー

苦手なイエロー

ゴールド　マスタード　レモンイエロー

[Chapter 2] なりたい自分になる、春×ウェーブタイプの配色術　　85

RED
<ruby>RED<rt>レッド</rt></ruby>

心躍る配色で
家族への誕生日プレゼント選び

レッド×ホワイトに、レッドの補色（真反対の色）であるグリーンを合わせたメリハリコーデ。心躍る楽しい日に着ていきたいアクティブな配色です。アクセントになる華やかな色は、小さい面積でとり入れるのがコツ。細かい柄が得意なウェーブタイプは、ピンドット（小さい水玉模様）がキュートに決まります。パフスリーブのTシャツは高めのウエスト位置でインして、きれいなシルエットをつくって。

楽しげなメリハリコーデ
アクティブ配色でプレゼント選び
真夏のサンタクロース

④色相・トーンを変化させる

⑤アクセントカラーを入れる

T-shirt, Skirt / KOBE LETTUCE
Sandals / AER ADAM ET ROPE（著者私物）
Bag / 編集部私物
Earrings / MU
Necklace / VATSURICA

似合うレッドの選び方

多種多様なレッドのなかでも、黄みがかった明るく鮮やかな朱赤を選ぶことで、髪や瞳がキラキラと輝きを増し、春タイプのフレッシュな美しさが引き立ちます。ワインレッドやレンガ色などの暗い赤は、顔に影が入り重たくなってしまうので顔まわりは避けて。顔から遠いボトムスだととり入れやすくなります。

似合うレッド

クリアオレンジレッド　　ブライトレッド

苦手なレッド

レンガ　　　　　　ワインレッド　　　　バーガンディー

ORANGE
オレンジ

バカンスに着ていきたい
大人のリゾートスタイル

同系色であるベージュ×オレンジに、ア
クセントとして反対色のターコイズブ
ルーを入れた、メリハリのある配色。パン
ツとサンダルは少しだけ色相をずらし
て奥行きをもたせて。バッグのターコイ
ズブルーは、パンツのオレンジと同じ
トーンで少量だけ入れると調和します。
ティアードのトップスも着太りせずかわ
いらしく着こなせるのは、ウェーブタイ
プならでは。

夏の長期休暇に最適
リゾートも大人な装いで
オレンジとブルーでパワーチャージ

⑤アクセントカラーを入れる

Blouse, Pants, Sandals / KOBE LETTUCE
Bag / cache cache
Earrings / MU
Necklace / VENDOME AOYAMA
Watch / SHEEN

似合うオレンジの選び方

淡いアプリコットから鮮やかなオレンジ
まで幅広く着こなせる春タイプ。明るく
クリアなオレンジを選ぶことで、ライト
ブラウンの髪と瞳が輝きを増し、その場
にいるだけでまわりがパッと明るくなる
ような魅力があふれます。一方、暗く濁っ
たテラコッタは顔色が沈みがちなので気
をつけて。

似合うオレンジ

アプリコット　　ライトオレンジ　　ブライトコーラル

苦手なオレンジ

テラコッタ

BROWN
ブラウン

鎌倉への小旅行は
シックなイメージで

全体をブラウン系でまとめるときは、明度や彩度などトーンに変化をつけると、歴史のある街にふさわしい粋な配色に。ブラウンの同系色のライトオレンジは、春タイプが得意な色。肩にかけて顔まわりをパッと明るく。ワンピースは薄手のやわらかい素材がお似合い。ウエスト位置が高いものを選んで、重心アップ＆脚長効果を狙いましょう。

旅先をイメージした色選び
ライトオレンジで血色感アップ
ワンピでスタイルアップ

①色相を合わせる

⑤アクセントカラーを入れる

One piece / Mystrada（著者私物）
Cardigan ／ 著者私物
Sandals / AER ADAM ET ROPE（著者私物）
Earrings / WYTHE CHARM（著者私物）
Bag / PINKY&DIANNE
Necklace / VATSURICA
Watch / SHEEN

似合うブラウンの選び方

黄みを感じるアーモンドブラウンやライトブラウンが似合う春タイプ。基本的には、濁りのない明るめのブラウンが似合いますが、シックな雰囲気や高級感を出したいときはダークブラウンもOK。その場合、顔まわりに明るい色をもってくるとより似合いやすくなります。赤みのココアブラウンは顔がぼんやり見えてしまうので、注意が必要です。

似合うブラウン

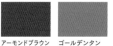

アーモンドブラウン　ゴールデンタン　ダークブラウン

苦手なブラウン

ココア　　ローズブラウン

ブルー
BLUE

仕事が忙しい日は、
やさしい色で心穏やかに

ライトターコイズのＡラインワンピー
スは１着あると便利なアイテム。ノー
カラージャケットを合わせればフォーマ
ルに、カーディガンを合わせればカジュ
アルな着こなしになる、頼れる存在です。
ワンピースと同じトーンの黄緑のストー
ルで、若葉のようなみずみずしさを。ベー
ジュの小物でやさしさもプラスしたら、
忙しい日も色のパワーで穏やかに乗りき
れます。

\# 心が癒やされる穏やかカラー
\# 色の力を上手に活用
\# 万能ワンピで時短コーデ

②トーンを合わせる

One piece, Jacket ／ ANAYI（著者私物）
Pumps / SEVEN TWELVE THIRTY（著者私物）
Earrings, Necklace ／ 著者私物
Bag / KOBE LETTUCE
Stole / 著者私物

似合うブルーの選び方

イエローベースに似合うブルーは、やや
緑みを感じるターコイズブルー。なかで
も、澄んだ海を連想させる明るいアクア
ブルーや鮮やかなターコイズは、春タイ
プにとくにおすすめの色です。夏タイプ
に属するスカイブルーに近い色も、さわ
やかに着こなせます。暗く濁ったブルー
は、春タイプの肌の透明感を消してしま
うので、避けるのがベター。

似合うブルー

アクアブルー　　　ライトターコイズ　　　ブルーバード

苦手なブルー

ダークターコイズ　　　グレイッシュブルー　　　ロイヤルブルー

PURPLE
パープル

ラグジュアリーな
サマードレスで夏の夜へ

存在感抜群のパープルのサマードレスを
主役にした華やかコーディネート。パープ
ルには反対色のブラウンが合うので、ぜ
ひ小物でとり入れてみて。こなれた雰囲
気が簡単につくれます。アメリカンスリー
ブは、肩や二の腕が華奢だからこそ着こ
なせるデザイン。ストールはやわらかめ
の麻を。素材感で夏らしさを演出して。

\# サマードレスを着こなす方法
\# 反対色の小物テク
\# アメリカンスリーブに挑戦

④色相・トーンを変化させる

⑤アクセントカラーを入れる

One piece / mite
Sandals / AER ADAM ET ROPE（著者私物）
Bag / PINKY&DIANNE
Stole / FURLA
Earrings, Necklace / VATSURICA
Sunglasses / Ray-Ban®（編集部私物）

似合うパープルの選び方

個性的な雰囲気のあるパープル。春タイ
プには、パンジーやすみれの花のように
明るく鮮やかなパープルがおすすめで
す。一見難しそうに感じる色ですが、春
タイプが身につければ明るい肌・髪・瞳
の色と調和して、派手すぎない華やかさ
が生まれます。濁ったパープルは顔がぼ
んやりし、暗めのパープルは、顔のなか
の影が強調されてしまいます。

似合うパープル

クロッカス

スィートバイオレット

苦手なパープル

レッドパープル

ディープバイオレット

ロイヤルパープル

BLACK
ブラック

シアー素材をまとって
プチ贅沢ディナー

かわいらしいシースルーのピーチピンク
ニットと、シックなチュール素材のブラッ
クフレアスカートで、ウェーブタイプに
ぴったりのシアーコーデの完成。明るい
肌の春タイプは暗い色がやや苦手です
が、ボトムスでとり入れれば大丈夫。足
もともブラックのスエードサンダルで大
人っぽく仕上げます。コーラルピンクの
チェーンバッグでトップスと濃淡配色に。

ウェーブが得意な透ける素材
ごほうびのプチ贅沢ディナー
黒はボトムスで楽しむ

⑤アクセントカラーを入れる

Knit / ANAYI（著者私物）
Skirt / ROYAL PARTY LABEL
Sandals / GU（編集部私物）
Bag, Stole / 編集部私物
Earrings / saze
Necklace / VATSURICA

似合うブラックの選び方

有彩色（色味をもつ色）のなかで最も暗
いブラックは、春タイプがやや苦手な色。
光沢のある強い黒ではなく、できるだけ
ソフトな明るい黒を選ぶのがおすすめで
す。コーディネートを組むときは、ボト
ムスやバッグなど顔から離れたところで
使うと、顔が暗く見えずシックにまとま
ります。

似合うブラック

ソフトブラック

苦手なブラック

ブラック

Column

「似合う」の最終ジャッジは試着室で

買う前に試着、していますか?

　さまざまなファッション理論をもとに「似合う」の選び方をお伝えしてきましたが、いざ購入する前にできるだけしていただきたいこと、それは「試着」です。

　人の肌の色や体のつくりは、パーソナルカラーや骨格タイプが同じ方でもおひとりずつ微妙に異なります。アイテムの色や形やサイズ感が自分に本当に似合うかどうかは、実際に身につけてみなければ厳密にはわかりません。

　いまは、オンラインストアの商品を自宅や店舗で試着できるサービスもありますので、できれば購入前に試してみることをおすすめします。

　試着しても自分に似合っているのかどうかイマイチわからないという方は、下のチェックリストをぜひ参考にしてみてください。

春×ウェーブタイプの試着チェックリスト

事前準備

- ☐ 着脱しやすい服で行く
- ☐ 普段の外出時につける下着をきちんと身につける
- ☐ コーディネートしたい服や靴で行く
- ☐ 合わせ鏡で後ろ姿まで見えるように、手鏡を持参する
  （スマホのインカメラでもOK。購入前の商品の撮影は
  　マナー違反になる場合があるため注意）

ウェーブタイプのチェックリスト

- ☐ （トップス・ボトムス）
  ゆったりしすぎて、服に着られた印象になっていないか
- ☐ （トップス・ボトムス）
  素材がシンプルすぎたり、かたすぎたりしていないか
- ☐ （トップス）胸もとあたりが
  寂しい印象になっていないか
- ☐ （トップス）前に屈んだとき、
  胸もとがパカパカあいてしまわないか
- ☐ （ボトムス）腰の横張りが
  目立たないか
- ☐ （ボトムス・ワンピース）
  ハイウエストで脚が長く見えるか

春タイプのチェックリスト

- ☐ 肌色が血色よく
  元気よく見えるか
- ☐ アイテムの色に青みがあり、
  顔が青白くなっていないか
- ☐ アイテムの色が暗すぎ・
  濁りすぎていて、
  顔が暗く沈んでいないか

Chapter 3

春 × ウェーブタイプの
魅力に磨きをかける
ヘアメイク

春×ウェーブタイプに似合う
コスメの選び方

**最高に似合う鉄板メイクを
見つけよう**

　顔に直接色をのせるメイクは、パーソナルカラーの効果を実感しやすい重要なポイント。似合う服を着ていても、メイクの色がイマイチだと「似合う」が薄れてしまいます。

　逆にいうと、本来得意ではない色の服を着たいときや着なければいけない事情があるときは、メイクを似合う色にすれば服の色の影響を和らげることが可能。とくにチークとリップを似合う色で徹底するだけで、顔色がよくなりいきいきと輝きます。

　「コーディネートに合わせてメイクも変えなくては」と思っている方も多いかもしれませんが、自分に最高に似合う鉄板メイクが見つかれば、毎日同じメイクでも大丈夫。決まったコスメを使っていればいつもきれいでいられるなんて、忙しい日常を送る私たちにはうれしいですよね。

　もちろん、自分に似合うメイクパターンをいくつかもっておいて、コーディネートやシーンに合わせて使い分ける楽しみもあります。どちらでも、ご自身に合うメイク方法を試してみてください。

**春×ウェーブタイプが
コスメを選ぶときのコツ**

　明るいアイボリー系やピンク系の肌で、髪や瞳も明るめの方が多い春タイプ。コスメを選ぶときのキーワードは「黄み」「明るい」「クリア」です。

　店頭では、青みではなく黄みがかった色かどうか、明るくてくすみがなくきれいな色かどうかをチェック。似合う色を選ぶと、肌の血色感がさらに高まります。くすみや濁りが苦手なので、暗めの色を選びたいときもクリアな色をセレクトしましょう。

　春タイプ・ウェーブタイプともに、ツヤ感やキラキラ感が得意。ツヤ肌やツヤ唇に仕上げ、目もとには大きめのパールやラメを足します。ハイライトはピーチピンク系や薄いイエローゴールド系で。

おすすめのメイクアップカラー

アイシャドウ

明るくクリアな色が似合います。ピーチ
ピンクやオレンジ系、ブラウンならアー
モンドのような軽やかな色をつけると、
瞳の虹彩の明るさとマッチして魅力的な
目もとに。秋冬でも明るめメイクがおす
すめ。

ピーチピンク　　ライトウォームアクア　パステルイエローグリーン

アイボリー　　ライトサーモン　アーモンドブラウン

チーク

コーラルピンクやライトオレンジなど、
明るくクリアな色で頬をふっくらと。青
みを感じるくすんだモーブピンク系は顔
が青白く見え、レンガ色などの暗い色は
顔色も一緒に沈んでしまいます。

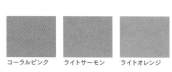

コーラルピンク　　ライトサーモン　ライトオレンジ

リップ

コーラルピンクやライトサーモン、目が
大きくて瞳の印象が強い方はブライトピ
ンクも似合います。マット系ではなくツ
ヤ感や透け感のあるタイプを選ぶと、春
×ウェーブタイプのキュートな雰囲気に
マッチします。

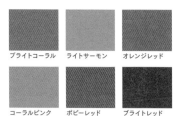

ブライトコーラル　　ライトサーモン　オレンジレッド

コーラルピンク　　ポピーレッド　ブライトレッド

アイブロウ・アイライナーなど

ブラウン系のなかでも、黄みを含んだ色
のものを。アーモンドやベージュなど、
軽さがあって明るい色がおすすめです。

ゴールドベージュ　オレンジブラウン　アーモンドブラウン

コーラルピンクの春らんまんメイク

春×ウェーブタイプの鉄板メイクアップ
カラー、コーラルピンクをふんだんに
使ったキュートなメイク。キラキラ輝く
目もと、ツヤ感のある肌と唇が、春×
ウェーブタイプの肌や瞳をさらに輝かせ
て可憐な魅力を引き出してくれます。

アイシャドウ

LUNASOL

アイカラーレーション 11
Savage Rose

ライトゴールド、ライトサーモン、コーラルピンクが入った、春タイプのためにあるようなアイシャドウパレットを使用。春のお花畑を連想させるかわいらしい目もとになります。締め色も明るめのアーモンドブラウンで、濃い色にしすぎないのがポイント。

チーク

NARS

ブラッシュ 4016N DEEP
THROAT ソフトピンク＆ゴールデンシーン

チークも明るいコーラルピンクで多幸感アップ。ツヤのあるタイプがぴったりです。同じピンクでも、青みのローズピンクは顔色が悪く見えてしまうので、黄みのコーラルピンクを選んで。

リップ

CHANEL

ルージュ ココ ブルーム
172122 ゼニス

目が大きくて瞳の印象が強い方には、鮮やかなブライトピンクがおすすめ。顔色がパッと華やぎます。クリアでツヤのあるタイプが◎。青みの強いマゼンタまではいかないように注意を。

アイシャドウ

CHANEL

レ ベージュ パレット ルガール 184189 ウォーム

ライトサーモンをはじめ、明るくクリアな色がラインナップされたパレット。春×ウェーブタイプのキュートな魅力を存分に引き出してくれます。ハイライトも真っ白ではなくピーチピンク系。明るいゴールドラメが上品なかわいらしさを演出します。

チーク

LAURA MERCIER

ブラッシュ カラー
インフュージョン 14
WATERMELON

ライトサーモンのチークは、頬の血色感を高めてふっくら見せてくれます。キュートさに加えてフレッシュさもアップ。

リップ

KATE

リップモンスター 02
Pink banana

鉄板カラーのコーラルピンクで、唇に可憐な華やかさを添えて。派手になりすぎないので、オフィスなどきちんとした場にも使えます。ツヤ感・透け感のあるみずみずしい質感が春×ウェーブタイプにぴったり。

フレッシュな
オレンジメイク

アイシャドウ

b idol

THE アイパレ R 01
本命のブラウン

オレンジ系でトーンの異なる色が入ったパレットは、フレッシュな雰囲気のメイクに仕上げたいときにおすすめ。締め色に使える黄みのアーモンドブラウンも入っています。春タイプの黄みがかったライトブラウンの瞳には、オーロラ～イエローゴールドのラメがマッチ。大きめのラメでさらに存在感のある目もとに。

チーク

CEZANNE

ナチュラル チーク N 10
オレンジピンク

ライトオレンジのチークで元気よく。肌の色素が明るい春タイプは、このくらい明るい色をつけても浮かずにかわいく仕上がります。繊細なゴールドラメが含まれていて、光のあたる角度によって肌がキラキラとつやめきます。

リップ

rom&nd

グラスティングメルティング
バーム 03 SORBET BALM

ライトサーモンのリップは、肌を血色よくヘルシーに見せてくれます。春×ウェーブタイプはツヤがキレイの要なので、高保湿タイプで潤いのある唇に。

春×ウェーブタイプに似合う
ヘア＆ネイル

本命ヘアは、クリアカラーの
ゆるふわスタイル

　顔まわりを縁どる髪は、服やメイクとともにその人の印象を大きく左右します。パーソナルカラーのセオリーをヘアカラーに、骨格診断のセオリーをヘアスタイルにとり入れて、もう一段上の「似合う」を手に入れましょう！

　春タイプに似合うヘアカラーは、黄みのある明るいブラウンやオレンジ系。くすみのない暖色を選ぶとおしゃれに決まります。

　くすみが強い色や、青みを感じるブルーアッシュ系は、顔色が抜けて寂しい印象に。黒髪も重く見えてしまい、春タイプの透明感のある肌をいかしにくいヘアカラーです。

　ウェーブタイプに似合うヘアスタイルは、曲線的でふんわり軽やかなスタイル。華奢な骨格とマッチします。春タイプはもともと色素が明るくやわらかい髪の方が多いので、その魅力も最大限にいかせます。

[**おすすめのヘアカラー**]

ゴールドブラウン　　ゴールドベージュ

オレンジブラウン　　カッパー

チェスノットブラウン　　ナチュラルブラウン

[**おすすめのネイルカラー**]

アプリコット　　ライトサーモン

ブライトコーラル　　ピーチピンク

コーラルピンク　　ブライトレッド

Short

ふんわりエアリーな
ショートヘア

瞳がキラキラ輝いて見える、ゴールドブラウンの明るいヘアカラー。ウェーブのかかったエアリーなスタイルで、春×ウェーブタイプならではのキュートさを思いきり引き出して。

Medium

レイヤーでつくる
ひし形ミディアムヘア

レイヤーでひし形のくびれをつくって軽やかに。長い首と華奢な鎖骨にふんわりカールした毛先が重なり、体のボリュームがほどよくアップ。ヘアカラーはミルクティーベージュでかわいらしく。

Long

ツヤ感あふれる、
こなれロングヘア

ツヤ感のあるオレンジ系ライト
ブラウンのヘアカラーに、レ
イヤーをたっぷり入れて自然な
動きを出したロングヘア。軽さ
のなかに適度な厚みを残した
毛先が、抜け感を演出してく
れます。

Arrange

かわいさ全開の
ハーフアップ

春タイプの明るい髪色とやわら
かい髪質をいかしたハーフアッ
プ。きっちりまとめず、ふんわ
り仕上げるのがポイント。巻い
た毛先がデコルテにかかり、
グッと華やかな雰囲気に。

Nail

繊細に輝く
ベージュ系ネイル

ウェーブタイプは、曲線的なデザインと小さめのストーンが得意。アプリコットベージュをベースに、ゴールドの細いラメライン、小さめのパールとラインストーンをプラス。ネックレスのような品のあるデザインに。

フラワーモチーフの
ピンク系ネイル

ほんのりピンクがかったニュアンスホワイト×ライトサーモンのかわいらしい配色。ホロでかたどった丸みのある花模様が春×ウェーブタイプにぴったり。スタッズはイエローベースの肌に合う華やかなゴールドで。

ハートフレンチの
レッド系ネイル

気分を上げるブライトレッドのネイル。春タイプがレッドを選ぶときは、明るい朱赤系がおすすめ。ハートの変形フレンチがとびきりキュート。黄みの強くないゴールドのラメラインに、パールとオーロラストーンで上品に。

Epilogue

　本書を最後まで読んでくださってありがとうございました。

　あなたの魅力を輝かせる『パーソナルカラー×骨格診断別　似合わせBOOK』。

　個性を引き出す、ファッションやヘアメイク、ネイルをご覧いただきいかがでしたでしょうか。

　「パーソナルカラー×骨格診断」。この2つのセオリーは、あなたがすでにいま、持っている魅力や個性を引き出し、より美しく輝かせるものです。もちろん、ファッションは楽しむものなので、セオリーに縛られることなく、自由に服選びを楽しんでいただければと思います。

　でも、あまりにも多くの情報があふれるいま、つい、自分にないものを求めてしまったり、他の人と比べてしまうことも、もしかしたらあるかもしれません。

　そんなふうに何を着たらよいか迷ってしまったときに、この本が、あなたらしいファッションに気づく、ひとつのきっかけになればとてもうれしく思います。

　私のサロンに来られるお客さまは、パーソナルカラーと骨格診断に合った色やデザインの服、メイクを実際にご提案すると「今までこんな服やメイクはしたことがなかったです！」「私は、本当はこういう服が似合うんですね！」と驚かれる方もたくさんいらっしゃいます。朝に来店されたときとは見違えるほどすてきになった姿を、数えきれないくらい目にしてきました。

　自分自身を知り、それを最大限にいかすことは、「あなたらしい、身に着けていて心地よいファッション」を叶える近道になると思います。

　色とりどりの服やコスメは、それを目にするだけで、私たちをワクワクした気持ちにさせてくれます。色とファッションのもつパワーを味方につけて、ぜひ、毎日の着こなしを楽しんでくださいね。

毎朝、鏡に映るあなたの顔が、これからもずっと、幸せな笑顔であふれますように。

　最後になりますが、この12冊の本を制作するにあたり、本当に多くの方に、お力添えをいただきました。

　パーソナルカラーと骨格診断のセオリーにマッチした、膨大な数のセレクトアイテム。その全商品のリースを、一手に引き受けてくださったスタイリストの森田さん。根気よく置き画制作を担当してくださった、佐野さんはじめ、スタイリストチームのみなさん。すてきな写真を撮ってくださったフォトグラファーのみなさん、抜けのある美しいメイクをしてくださったヘアメイクさん、頼りになるディレクターの三橋さん、アシストしてくださった鶴田さん、木下さん、すてきな本に仕上げてくださったブックデザイナーの井上さん。

　そして、本書の編集をご担当いただきました、サンクチュアリ出版の吉田麻衣子さんに心よりお礼を申し上げます。特に吉田さんには、この1年、本当にいつもあたたかく励ましていただき、感謝の言葉しかありません。最高のチームで、本づくりができたことに感謝の気持ちでいっぱいです。

　また、アイテム探しを手伝ってくれた教え子たち、そして、この1年、ほとんど家事もできないような状態の私を、何もいわずにそっと見守ってくれた主人と息子にも、この場を借りてお礼をいわせてください。本当にありがとう。

　たくさんのみなさまのおかげでこの本ができあがりました。本当にありがとうございました。

2024年3月　海保 麻里子

協力店リスト

＜衣装協力＞

・ ATTRANGS
（アットランス）
https://attrangs.jp

・ VENDOME AOYAMA
（ヴァンドームアオヤマ）
https://vendome.jp/aoyama

・ EmiriaWiz
（エミリアウィズ）
https://emiriawiz.com

・ cache cache
（カシュカシュ）
https://www.unbillion.com/brand/
cachecache

・ KOBE LETTUCE
（コウベレタス）
https://www.lettuce.co.jp

・ SHEEN
（シーン）
https://www.casio.com/jp/watches/sheen

・ SHOO・LA・RUE
（シューラルー）
https://store.world.co.jp/s/brand/shoo-la-
rue/

・ saze
（セイジ）
https://www.saze-official.com

・ Zoff
（ゾフ）
https://www.zoff.co.jp/shop/default.aspx

・ Nau Waleno
（ナウワレノ）
https://nwselect.base.shop

・ VATSURICA
（バツリカ）
https://www.vatsurica.net

・ 卑弥呼
（ヒミコ）
https://himiko.jp

・ PINKY&DIANNE
（ピンキー＆ダイアン）
https://www.yamani.co.jp/brands/
pinkydianne

・ Faviora faux fur
（ファビオラ フォー ファー）
https://www.moonbat.co.jp/

・ FABIO RUSCONI PER
WASHINGTON
（ファビオ ルスコーニ ペル ワシントン）
https://www.washington-shoe.co.jp

・ FURLA
（フルラ）
https://www.moonbat.co.jp/

・ marvelous by Pierrot
（マーベラス バイ ピエロ）
https://pierrotshop.jp

・ mite
（ミテ）
https://www.mite.co.jp

- MU
（ムー）
https://accessorymu.theshop.jp

- maison de Dolce.
（メゾン ド ドルチェ）
https://dolce-official.com

- Mon Amie
（モナミ）
https://monamie79.thebase.in

- RANDA
（ランダ）
https://www.randa.jp

- ROYAL PARTY LABEL
（ロイヤルパーティーレーベル）
https://royalpartylabel.com

- WASHINGTON
（ワシントン）
https://www.washington-shoe.co.jp

＜ヘアスタイル画像協力＞

P101上、P102上
kakimoto arms（カキモトアームズ）
https://kakimoto-arms.com

P101下　AFLOAT（アフロート）
https://www.afloat.co.jp

P102下
hair + resort valentine
（ヘア リゾート バレンタイン）／OZmall
https://www.ozmall.co.jp/hairsalon/0599/

＜ネイル画像協力＞

P103上下　青山ネイル
https://aoyama-nail.com

P103中　EYE＆NAIL THE TOKYO
https://www.eyeandnailthetokyo.com

＜素材画像協力＞

P44　iStock

※上記にないブランドの商品は、著者私物・編集
　部私物です。
※掲載した商品は欠品・販売終了の場合もありま
　す。あらかじめご了承ください。

著者プロフィール

海保 麻里子
Mariko Kaiho

ビューティーカラーアナリスト®
株式会社パーソナルビューティーカラー研究所 代表取締役

パーソナルカラー＆骨格診断を軸に、顧客のもつ魅力を最大限に引き出す「外見力アップ」の手法が評判に。24年間で2万人以上の診断実績をもつ。自身が運営する、東京・南青山のイメージコンサルティングサロン「サロン・ド・ルミエール」は、日本全国をはじめ、海外からも多くの女性が訪れる人気サロンとなる。

本シリーズでは、その診断データをもとに、12タイプ別に似合うアイテムのセレクト、およびコーディネートを考案。「服選びに悩む女性のお役に立ちたい」という思いから、日々活動を行う。

また、講師として、カラー＆ファッションセミナーを1万5千回以上実施。企業研修やラグジュアリーブランドにおけるカラー診断イベントも多数手がける。わかりやすく、顧客に寄り添ったきめ細やかなアドバイスが人気を博し、リピート率は実に9割を超える。

2013年には、「ルミエール・アカデミー」を立ち上げ、スクール事業を開始。後進の育成にも力を注ぐ。

その他、商品・コンテンツ監修、TVやラジオ、人気女性誌などのメディア取材多数。芸能人のパーソナルカラー診断や骨格診断も数多く担当するなど、著名人からも信頼を集める。

著書に『今まで着ていた服がなんだか急に似合わなくなってきた』（サンマーク出版）がある。

サロン・ド・ルミエール HP
https://salon-de-lumiere.com/

本を読まない人のための出版社

サンクチュアリ出版

sanctuary books　ONE AND ONLY.　BEYOND ALL BORDERS.

サンクチュアリ出版ってどんな出版社？

世の中には、私たちの人生をひっくり返すような、面白いこと、すごい人、ためになる知識が無数に散らばっています。それらを一つひとつ丁寧に集めながら、本を通じて、みなさんと一緒に学び合いたいと思っています。

最 新 情 報

「新刊」「イベント」「キャンペーン」などの最新情報をお届けします。

X (旧Twitter)	Facebook	Instagram	メルマガ
@sanctuarybook	facebook.com /sanctuarybooks	@sanctuary_books	ml@sanctuarybooks.jp に空メール

ほん S よま　**ほんよま**

「新刊の内容」「人気セミナー」「著者の人生」をざっくりまとめた WEB マガジンです。

sanctuarybooks.jp/
webmag/

スナックサンクチュアリ

飲食代無料、超コミュニティ重視のスナックです。

sanctuarybooks.jp/snack/

クラブ S

新刊が 12 冊届く、公式ファンクラブです。

sanctuarybooks.jp/clubs/

サンクチュアリ出版
YouTube
チャンネル

奇抜な人たちに、
文字には残せない本音
を語ってもらっています。

"サンクチュアリ出版
チャンネル" で検索

選書サービス

あなたのお好みに
合いそうな「他社の本」
を無料で紹介しています。

sanctuarybooks.jp
/rbook/

サンクチュアリ出版
公式 note

どんな思いで本を作り、
届けているか、
正直に打ち明けています。

note.com/
sanctuarybooks

人生を変える授業オンライン

各方面の
「今が旬のすごい人」
のセミナーを自宅で
いつでも視聴できます。

sanctuarybooks.jp
/event_doga_shop/

パーソナルカラー春×骨格診断ウェーブ
似合わせBOOK
2024年3月6日 初版発行

著 者　　海保麻里子

　　　　　装丁デザイン／井上新八
　　　　　本文デザイン／相原真理子
　　　　　モデル／西脇梨紗（スペースクラフト・エージェンシー）
　　　　　撮影（人物）／畠中彩
　　　　　撮影（物）／畠中彩、小松正樹
　　　　　ヘアメイク／美樹（Three PEACE）
　　　　　スタイリング（アイテム手配）／森田文菜
　　　　　スタイリング（アイテム置き画制作）／佐野初美、岡村彩
　　　　　編集協力／三橋温子（株式会社ヂラフ）
　　　　　制作協力（アシスタント業務）／Yuuka、NANA、
　　　　　　　　　　　　　　　　　　　吉田琴美（ルミエール・アカデミー）
　　　　　イラスト／ヤベミユキ
　　　　　DTP／エヴリ・シンク

　　　　　営業／市川聡（サンクチュアリ出版）
　　　　　広報／岩田梨恵子、南澤香織（サンクチュアリ出版）
　　　　　制作／成田夕子（サンクチュアリ出版）
　　　　　撮影補助／木下佐知子（サンクチュアリ出版）
　　　　　編集補助／鶴田宏樹（サンクチュアリ出版）
　　　　　編集／吉田麻衣子（サンクチュアリ出版）

発行者　　鶴巻謙介
発行・発売　サンクチュアリ出版
　　　　　〒113-0023 東京都文京区向丘2-14-9
　　　　　TEL:03-5834-2507 FAX:03-5834-2508
　　　　　https://www.sanctuarybooks.jp
　　　　　info@sanctuarybooks.jp

印刷・製本　株式会社シナノ パブリッシング プレス

©Mariko kaiho, 2024 PRINTED IN JAPAN

※本書の内容を無断で、複写・複製・転載・データ配信することを禁じます。
定価及びISBNコードはカバーに記載してあります。
落丁本・乱丁本は送料弊社負担にてお取替えいたします。
ただし、古本として購入等したものについては交換に応じられません。

診断用カラーシート

| 冬 Winter | ブラック | 凛として小顔になる ➡ 似合う |
| | | 影が目立ち暗い ➡ 似合わない |